すべての経営者が知っておくべき

理想の引退

を迎えるための心得

古小路 勝利

同友館

はじめに

サラリーマンには定年があり、その会社に勤めた時間の長さと貢献度により退職金というものが計算され、会社との契約が終了すると同時に支払われる。老後には2000万円が不足するというニュースもあったが、

2000万円－退職金＝不足分

この不足分があるとしたら、定年後の「余りある時間」をお金に変えることができれば、安らかで、ある程度は豊かな老後を過ごすことができるのであろう。

では、経営者（社長）はどうだろうか？

多くの場合、役員退職金規程などは設定されてはいないだろうし、それどころか、365日24時間仕事体制で、「会社」という城を守るために心身を擦り減らし、休むことさえできず、ましてや、退職することなどできない。

大きな夢と勇気と自信をもって立ち上げた会社。その会社も時が経つとともに大きくなり、同時にのしかかる責任も大きくなり、それをずっと背負い続けてきたはず。その重責をいつまでも下ろすことができず、果てて行くのが「社長」というものならば、誰が「社長」なんてや

るのだろう、誰が起業なんてするのだろう、夢なんてどこにもない、だから少しでも偏差値の高い大学に行って、大きな会社に入社することができれば、良い人生が歩ける、と勘違いされてしまっても、残念ながら、仕方ないのだろうか？

そんなはずがない！

戦後の日本経済を支え、モノづくり、コトづくり、サービスづくりに人生をかけ、走り続け、現在の日本を創り上げていただいた功労者の皆さまに「理想の引退」の形を描いていただき、これからの「安心した暮らし」を贈らせていただきたい。それが、これまで数多くの人財を育成し、企業の業績改善、再生を行ってきた私ができる唯一の「恩返し」である。

そして、中小企業庁「中小企業・小規模事業者におけるM＆Aの現状と課題」に謳われた、現状を放置すれば２０２５年までに廃業するかもしれない後継者未定企業１２７万社を救い、６５０万人の雇用を守りたい、何よりも、経営者の皆さまがこれまで熱い情熱と愛情を込めて大切に育ててきた技術（モノづくり、コトづくり、サービスづくり）・ノウハウ、そして、皆さまをいつも「社長、社長」と呼んで、ついて来てくれている大切な従業員の雇用と未来を消してはならない、と心に誓い本書を綴ることを決め、その実現のために後継者不在企業での後継者発掘と育成を支援をさせていただいております。

私は、税理士でも、弁護士でもありません。皆さまと同じ叩き上げの経営者です。周りからは、プロ経営者、企業再生プロデューサーと呼ばれる「会社を蘇らせるプロ」、そのために「人財」を育成し、人を動かす「人事のプロ」です。

ですから、これからここに綴った多くの内容が、実際に経験してきたことであり、それを皆さまと「同じ経営者目線」で表現させていただきました。そして、忙しい皆さまのお時間が取られないように、出来る限り分かりやすく、読みやすくするため、何度も何度も書き直しました。これまでの皆さまの人生への感謝の気持ちを込めて。

ともすると、読み進めているなかで、そんなことは分かっている、もうやった、と思われる読者の皆さまもお見えになるかとも思いますが、皆さまの素敵な未来のために、少しだけ、心を白くして読んでみてください。

そうすれば、きっと明るい何かが見えてくるはずです。そうなるよう、熱い情熱と愛情、そして感謝を込めて綴らせていただきました。

皆さまの未来がこれまでの努力の何倍も素敵な時間になることを信じております。

著　者

もくじ

第7章 実践：大まかな計画を作る……205

第8章 実践：「理想の組織」を作る……237

第1章

安心して暮らす（安らかで心豊かな老後を迎える）ということは？

1. 心と身体が健康であること

「安心して暮らす」という言葉には、いくつかの要素（意味）が含まれています。

① 精神的（心と頭）
② 肉体的（健康）
③ 金銭的

まずは、①と②についてお話しさせていただきます。

重い肩の荷をおろす

「精神的」に安心するということは、

・これまでずっと背負い続けてきた重い責任から解放される
・皆さまが「好きなこと」「豊かに感じること」ができるようになる↓嫌なことをしなくてもよい

ということでしょう。

会社のトップ（経営者）が背負う責任、自身にかけるプレッシャーは、サラリーマンのそれとは比較にならないことを知っています。

皆さまは、たった一つの判断の誤りで会社が傾くことがあることを知っていて、その結果、会社は倒産し、従業員を解雇しなければならない、自身も自己破産しなければならないなど、これまでのあらゆる場面の判断において、神経を擦り減らし続けてきたのではないでしょうか？ それは経営者である皆さまだけでなく、いつも隣で支えてくれている奥さまも同じのはずです。

サラリーマンには「定年という年齢」が会社の規則（規程）で決められていており、その決められた時期まで会社にいれば、「退職金」というものが支払われます。長くても65歳まで耐え忍べば、その後には、ストレスもプレッシャーもない精神的には安心した暮らしが待っているることでしょう。

「引退の日」は自分で決めるしかない

しかし、経営者の皆さまはいかがでしょうか？

いつになったら、「安心した暮らし」を迎えることができる日が来るかを知っていますか？ 決まっていますか？

誰も決めてくれないのですから、自分で決めるしかないのです。でなければ、一生、「経営者」という名の「仕事人」で終わってしまうのです。

そうならないために「引退の日」を決めて、今からその準備に時間を割いてみてはいかがでしょうか？

上手く行けば、これから1、2年でその計画を達成できるかもしれません。第2章以降では、その想いを実現のものにするために、どのようにその計画を創り、進めれば良いか？というお話しさせていただきますので、少々、鬱陶しい内容があるかもしれませんが、未来のために読み進めてください。

健康でなければ「安心」はできない

次に、健康であることということは「安心して暮らす」ためには絶対的に必要なことです。「病は気から」とも言いますので、今の状況を続けていては、「気（心）」から先に疲れてしまい、そこから「病」になってしまうこともあります。ずっと社長を続けていると、その責任の重さからくるストレスが日常化、慢性化し、感じなくなることもあるのですが、それは感じていないだけで、長い間、心と身体はじっと耐えてきているのです。

では、お聞きします。

「いつ健康診断に行きましたか？」

「最後に人間ドックを受診したのは、いつですか？」

従業員は法により定められているので、毎年健康診断を受けさせているはずですが、「経営者の皆さまはいかがでしょう？」

その時間を惜しみ、会社を守るために自身の健康を犠牲にしているのでは？

それは決して美徳にはなりません。

いつも忙しい忙しい（という言い訳）と言っていた知り合いが3年間、健康診断に行かず、体調の悪さを感じて病院に行ったら、癌と診断され、それから1年も経たずにこの世を去ってしまった、という悲しい経験があります。皆さまには、決してこんな風になってもらいたくはないのです。これから、やっと待ち望んだ「安心した暮らし」という素敵なご褒美が待っているのですから。

このお話が事業承継についての話なのか？　と訊かれたら、迷わず「はい！」と答えます。なぜなら、皆さま（社長）が健康診断に行けるくらいの時間、検査入院をする時間、万が一、病気が見つかったらそれを直すまでの期間を誰かに任せることができるような会社を創ることが事業承継、皆さまの明るい未来のために大切なことだからです。

奥さまと一緒に健康診断に行く

会社を引き継いでからではなく、今からでも遅くないので、直ぐに健康診断に行ってきてください。「安心して暮らす」ために。責任とプレッシャーが無くなっても、毎日病院通いでは楽しくありませんよね。そして、必ず、健康診断は奥さまと一緒に行ってください。

これまでずっと支えてくれた、そして、これからも長く一緒にいる「大切な人」ですから。

2. 貯金がマイナスにならないこと～不安をなくして安心する

【不安】をなくして「安心」する

続けて、③の「金銭的」に、「安定して暮らす」ということについてお話させていただきます。

ここでは、「安心して暮らす」ために「安心」の反対語である【不安】を無くすことで「安心」を手に入れることにしましょう。

それでは、なぜ金銭的な部分で不安になるのでしょうか？ その答えは、「いくらあれば、安心した暮らし（生活）が出来るかが分からないから」でしょう。少し前には、老後には夫婦2人で2000万円の貯蓄が必要になる、という話題で持ち切りでしたが、それは日本のどこに住んでいても同じなのでしょうか？ 持ち家でも、借家でも同じなのでしょうか？ 持ち家でも、住宅ローンが有っても無くても同じなのでしょうか？

決して同じではありません。住む場所・条件によって大きく異なります。ですから、場合によっては追加貯蓄の必要がない家計もあれば、その倍の4000万円、3倍の6000万円あっても足りない家計があるはずです。80歳まで住宅ローン組んでいたら、2000万円の貯蓄では圧倒的に足りなくなるのでしょう。

まずは、金融庁の報告書によるとこの2000万円という金額は、次の前提のもと算出され

高齢夫婦無職世帯の家計収支（2017年）

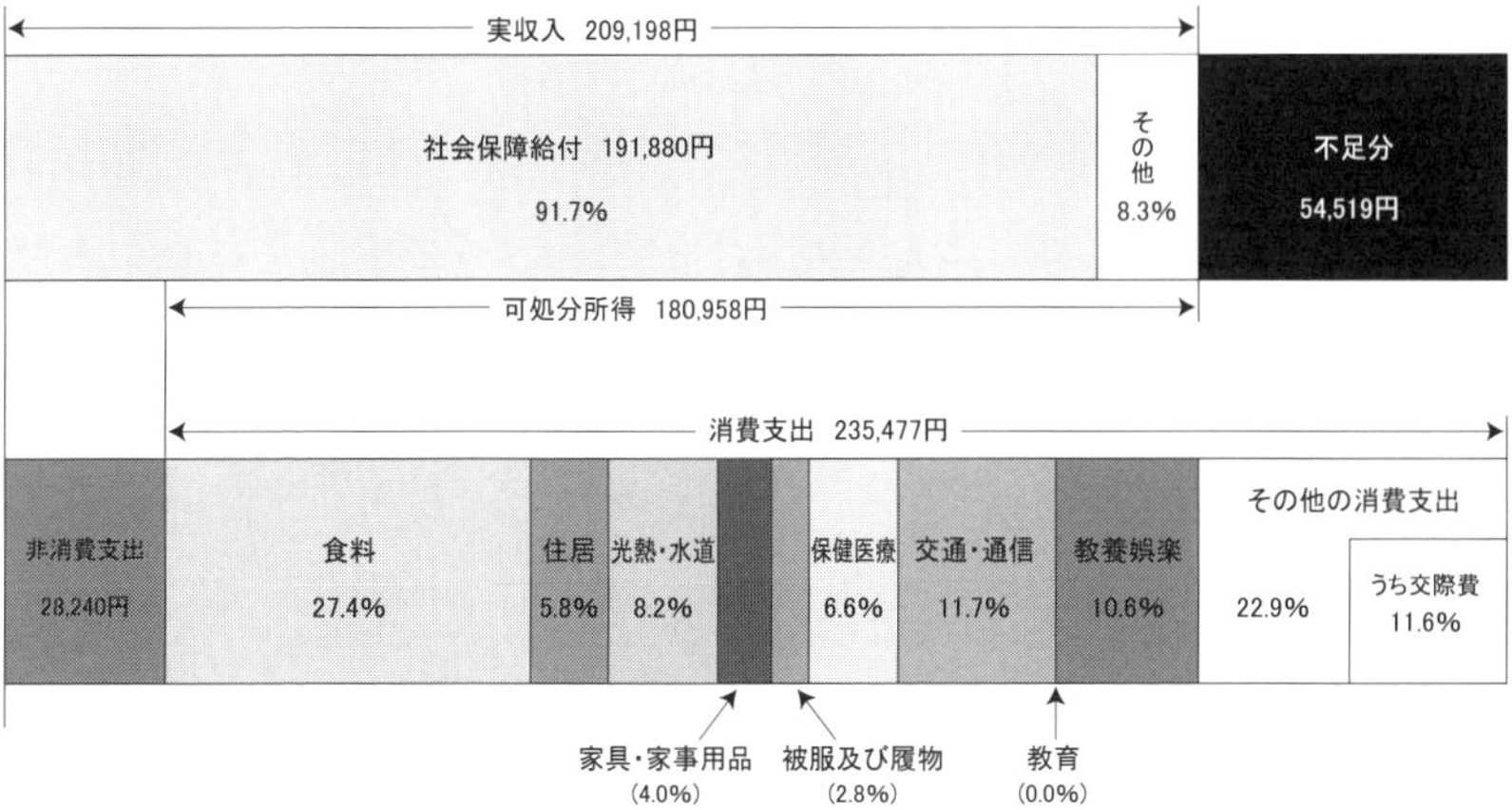

（注）1. 高齢夫婦無職世帯とは、夫65歳以上、妻60歳以上の夫婦のみの無職世帯である。
2. 図中の「社会保障給付」及び「その他」の割合（%）は、実収入に占める割合である。
3. 図中の「食料」から「その他の消費支出」までの割合（%）は、消費支出に占める割合である。

出所：総務省「家計調査」（2017年）

ているようです。

・夫65歳、妻60歳の時点で夫婦ともに無職である。

・30年後（夫95歳、妻90歳）まで夫婦ともに健在である。

・その間の家計収支がずっと毎月5.5万円の赤字である（総務省「家計調査」（2017年）における高齢夫婦無職世帯（夫65歳以上、妻60歳以上）の平均より）。

この家計調査が、上の図となります。

そもそも、夫95歳、妻90歳まで夫婦ともに、健在であるという前提に疑問を感じませんか？

先ほど、老後に2000万円が必要のないご家庭もあるとお話ししました。

例えば、こんな計算からです。消費支出235477円の内の、食料が27．4％、6452 1円、交通・通信が11．7％、27551円、上記2つ足すと、92072円となります。そして不足分は、54519円と記載されています。

ということは、首都圏では難しいかもしれませんが、最近では通信費も安くなってきていますので、これが半分（27551×50％）の13776となれば、78297（食料＋交通・通信×50％）－54519（不足分）＝23778円となり、月の食料費がこの23778円以下であれば「追加は不要」ということになります。健康であれば、保険医療の6．6％分（15541円）を食料費に回し、39319円（1日約1300円）の食料費になったとしても追加は不要となります。

いくら必要なのか？ 計算する

皆さまが、一体いくらあれば良いのかを計算して、「分からない」という【不安】を解消していただき、もしも、「足りない」というのであれば、これからは、その「足りない」差額をどのように埋めるか？ ということを考える「前向きな時間」を送っていただきたいのです。

極端なお話しをすれば、なぜ死について不安になるかというと、

「いつ、その時が来るか分からないから」では？

どちらが、精神的、肉体的に良いと思われますか？

「何も分からなくて、ずっと不安で働き続けているご夫婦」と「安心した暮らしを迎えるための目標（金銭面など）が決まっていて、その目標に向かって生き生きと働いているご夫婦」

では、その「必要な資金」をこのように計算してみてはいかがでしょうか？　まず、

①　いつまで生きるか？　女性は１００歳、男性は94歳としましょう。

２０１８年の女性の平均寿命が87.32歳、男性が81.25歳との発表が厚生労働省からありましたので、男女差を6歳、そして、良く言われる人生１００歳時代を女性に設定します。もしも、もっと長生きするとお決めになっているのであれば、その年齢としてください。

②　家計簿をつけて、毎月どれくらいの費用を使っているかを確認してみてください。

③　家計簿に載ってこない費用があります。

例えば、税金などが代表的なのですが、他には車の車検代（2年に1回）などもあります。このような内容を確認するためには、キャッシュカードの支払明細か、銀行通帳を確認してみてください。

他にもありますので、これを良い機会として、ご夫婦で一緒に一年分の支出を「ああだ、こうだ」とお話するのも良いですよね。ここまでが、支出に関するお話です。

ここからは、収入についてです。

④　年金です。

これは、年金事務所で確認できます。また、

⑤その他（家賃収入など）があれば、収入に加えてください。

ここまでで、1年間にどれくらいの収入があるのかも計算できたはずです。そして、

⑥貯金です。

普通預金、定期預金の他、株式、投資信託も含めてください。

⑦小規模企業共済などに加入されているようであれば、これも加えてください。

そして、ここがポイントです。

⑧保険です。

多くの場合、長い間、生命保険等に加入されています。

死亡時だけでなく、満期になれば返戻金がある、死亡しなくとも○○歳になれば高返金率の解約金が得られる、というものです。

但し、ここは残したい（相続したい）ということなら、計算には含めないでください。

さて、ここまでの支出と収入のバランスはどうなりましたでしょうか？

もしも「ご夫婦だけの計算では不安」であれば、私もその一人なのですが、FP（ファイナンシャルプランナー）という資格を持っている人たちが皆さまの地域にもいますので、相談して、今から、出来る限りの不安は解消しておきましょう。

3．いくら残すか？　会社をどうするか？

この他に、大切なことが2つあります。

1つ目は、「ご子息、ご子女、親戚」にいくら残したいか？　という相続のお話です。

先ほどの計算で収支が足りなくなって、生命保険を解約して帳尻が合うようにしたので資産は残さない、とか、誰にも資産は引き継がない、というのであれば⑧までの計算でマイナスにならなければ、それで良いでしょう。

足りないなら、会社の引き継ぎで補填する

ここで、会社を使って、その帳尻を合わせるという方法もあります。

そこで、「会社をどうするか？」ということが、2つ目になります。

この「どうする？」という方法には、

・親族（ご子息、ご子女含む）に引き継ぐ
・現在会社に勤めている役員・従業員に引き継ぐ
・売る（M＆A）
・閉める（廃業する）

という4つの選択があります。

株式に対して配当金が支払われる、ということをお聞きになったことがあると思います。この部分は、株式譲渡時の株価算定に大きくかかわりますので、簡単には言えませんが、皆さまは株式を持ったまま親族でも、従業員にでも「会社の経営（社長）」を引き継いで、株式の配当を得れば、さきほどの④の国から支払われる年金に、その配当金が上乗せされることになります。

ただし、配当については会社の経費にはなりませんので、役員報酬で得るほうが税務的には有利ですが、「安心した暮らし」を迎えたいのであれば、経営（社長）は誰かに引き継ぎ（つまり、役員から外れ、役員報酬をなくす）精神的、肉体的なストレスから解放されて、この配当を得るということを考えても良いではないでしょうか？ 年金にお小遣い（配当）が乗ったような感じになりますね（※ この部分については、税理士等の専門家にご相談の上、お決めください）。

引き継ぎ相手に関するお話は、第4章でさせていただきますので、少々お待ちください。

また、役員退職慰労金というものがあるのですが、これはサラリーマンのように退職金規程に謳われ、業績に関係なしに支払われるものではなく、

退任時の役員報酬月額×役員在任年数×功績倍率

という計算式で求められるのが一般的です。これに功労加算が加えられることもあります

（※ この部分については、税理士などの専門家にご相談いただき、その適切な金額を算定していただくととも

に、そのために事前の準備を始めてください）。

どうでしょうか？　こんな感じになるのでは？

①皆さまが設定した年齢に達するまでに必要な金額
②年金＋その他収入＋貯金（他の金融商品含む）
③残したい（相続したい）金額
④②－①－③＝目標金額

では、どうすれば、この目標金額を得ることができるのでしょう。

それを一括で得るのが売却、少しずつ分けて得るのが親族・従業員への承継と考えてみても良いでしょう。

そして、何も準備しないで、成り行きに任せるのが、廃業ということになります。

それでは、次章においてはこの「安心して暮らす」ために、気付いていただき、捨てていただきたい「5つの勘違い」についてお話しさせていただきます。

この「勘違い」「思い込み」に気付いていただければ、「引退の日」が見えてくるはずです。

第2章

捨てなければならない5つの勘違い

1. どうにかなる

これが「5つの勘違い」の中で真っ先に捨てていただきたい「勘違い」です。
どうにかなる、という言葉にはいくつかの意味が含まれているはずです。例えば、
①自分がいなくなっても、従業員の誰かが会社を経営してくれるだろう。
②万が一、閉めた（廃業した）としても残された家族は食べて行けるだろう。
③ここまで一生懸命後継者を育てようとしたけれど育たなかった。だから、それよりはその時間を仕事に充てて儲けたほうが良い。死んだら死んだ時だ。など。
どうにかなるのであれば、既にどうにかなっているはずです。
①であれば、誰かに経営を任せ、あなた（社長）は引退をすれば良いのです。
②であれば、迷わず引退して、安らかな暮らしができるはずです。
この2つが「あなたがいなくなった」としても実現するのであれば、「どうにかなる」ではなくて、既に「どうにか、なっている」＝「引退の準備はできている」ということになります。

そして、
③であれば、この本を最後まで読んでいただき、一緒にどうにかしましょう！
せっかくこの本を手にしたのですから。今すぐに、

「どうにかなる」という勘違い、思い込みを捨て、「どうにかする！」という頭に切り替えてください。でないと、ずっと「引退の日」は見えてきません。

私も少し前までは地方の中小企業の社長をしていましたので、皆さまがどれだけ忙しいのかはよく分かっています。大企業の経営者も経験してきましたので、その違いについても分かっています。朝、目が覚めた時から、会社にいる時は当然のこと、自宅にいても、ベッドに入ってからでも、頭も身体もいつもフル回転のはずです。ともすると、夢の中でも会社のことを考えているはずです。私もそうです。

毎日毎日、どこからともなく湧き出してくるさまざまな問題に対処しながら、資金繰りと営業活動に追われながらも、事務所の整理整頓からトイレ掃除までこなし、会社を守る、従業員を守るために、休む間もなく働き続けているのに、後継者を見つけるとか、育てるとか、「そんな時間は無い！」と思われることも理解はできますが、その前に、

今のままでは、「どうにもならない」ことも、ご理解ください。

だから、「どうにかする」のです。

今を変えなければ、未来は変わりません。

これからの皆さまのほんの少しの努力と忍耐が未来を変えて行くことにつながるのです。

2．承継者（跡取り）は親族に限る

賛成です。そうあってほしい、と願う気持ちはよく分かります。

ただ、その「勘違い」「思い込み」が承継者の選択肢を限定してしまうため、その「親族」に適性がない、もしくは引き継ぐ気がないという理由により、現存する中小企業の約33％（3社に1社）が、黒字であったとしても承継者が見つからず、廃業しなければならなくなる、という状況に陥ってしまっているのではないでしょうか？

この本を手に取っていただいたからには、決してそのようになってほしくはないのです。そのために、著者の知る限りのすべてをお伝えすることで、皆さまに「理想の引退」の形を見いだしていただき、「安心して暮らす」ための「決断」をしていただきたいのです。

引き算で承継者に必要な能力を知る

あなたの会社の社長は「何を」することが仕事で、「何が」できれば良いのでしょうか。

初めから人物を決め込むのではなく、

・何をすることが、あなたの会社の社長の仕事、役割であるのか？

・そのために、何ができなければならないのか？

を書き出してみてください。

「それ」が、あなたが承継者（次の社長）に求めていることであり、必要な（仕事）力です。

一人ですべてが出来なくても良い

ただし、ここで書き出した内容から除いていただかなければならないことがあります。具体的に申しますと、会社の仕事には、
・経理（支払い、現金管理）
・総務人事
・営業
・制作（技術）
・購買（仕入れ）
などがあります。

創業社長の場合は、このすべてが出来る人がほとんどです。

なぜなら、たった一人で始めたのですから、全部が出来なければ商売にはならなかったからです。そして、それから徐々に人を採用し、社長である皆さまの仕事の種類も徐々に減って行き、現在の会社（組織）になったはずです。

ですから、承継者は「創業時のあなた（社長）」のようにそのすべてを自分一人でやる（仕

事）力は必要ないのです。営業出身でも、会社の資金繰りについては知らなければなりませんが、大切なことは、従業員を成長させ続け、組織を動かして会社の利益を出し続けることが出来るかどうか、人の心を動かす力と情熱を持っているか？　ということです。

すべてを知っているに越したことはありませんが、「そのすべてを承継者が一人で出来なくても良い」のです。

場合によっては、人を動かすのが最も上手な人が営業畑出身者で、その人物を社長に選ぶとしたら、技術を知っている人が副社長、経理を知っている人が副社長、という社長＋2人の取締役構成で経営をすれば良いのです。反対に、たった一人ですべてを決めてしまう人のほうが危険な場合が多いのです。人は完璧ではありませんので。

このような承継者が自分でやらなくても良い役割、仕事、能力を除いてください。

そして、いまは任すことが出来なくても、1、2年育てれば任すことが出来る他の従業員がいるようであれば、その仕事も除いてください。

この2つを除いて、残っている項目が承継者（後継社長）がしなければならない仕事であり、備えなければならない能力になります。

いかがですか？　そんなに多くの項目がないのでは？

この項目が「出来る」または「相応しい人物」を思い浮かべてください。さらに申し上げると、この項目すべてが出来なくとも構いません。そこには社長に就任してからしか習得出来ないことも含まれているはずですので。引き継いでから、社長という経験により習得して行くことでしょう。

何人思い浮かんだでしょうか？

その思い浮かんだ人物が、承継者候補です。

その承継者候補を育成し、承継者に育てることが最も早く、そして、より適切に会社を引き継ぐことになります。一人でなくても構いません、二人でも、三人でも。先ほどお話しした通り、三人で「今のあなたの一人分」の仕事が出来れば良いのです。

もしも、その中に親族が入っていないようなら、親族も入れて候補者全員を育成してみてください。そこで親族が最も相応しいとなれば、親族が後継社長となった時に他の承継者候補も支えになってくれますし、万が一、他の人（他人）が引き継いだとしても、親族はその正当な理由を感じることが出来るはずです。

また、親族の年齢や経験に不足（課題）があるとしたら、一旦、他人（従業員）に引き継ぎ、その後に親族が成長してから次の代として引き継げば良いのです。野球で言えば、リリーフピッチャーを他人に任す、ということです。

親族、取締役・従業員（他人）の育成の仕方については、第5章、第8章にてお話しさせていただきますので、まずは、ここまでの考え方を整理してください。

ここでは、承継者を親族だけから選ぶのか？　それとも、取締役・従業員（他人）を含めてその中から選ぶのか？　をテーマとさせていただいていますので、少しだけ、それに関連し、所有と経営の分離というお話しをさせていただきます。

所有と経営の分離

所有と経営の分離、と言うと小難しそうに聞こえますが、簡単に言えば、
「所有」＝「株主」＝会社を所有している人
【経営】＝【社長】＝会社を経営する人
ということです。

分離というのは、この二人を分ける、違う人が担うということです。
特に、中小企業では、創業者がお金を出して（出資＝株式を得て）会社を設立し、その【社長】を創業者がしている場合が多いので、たまたま「所有」と【経営】が同じになっており、その次の世代においても、ご子息、ご子女、親族に株式を贈与・相続し、その株式を譲り受けた人が【社長】となっているので、そこでも「所有」と【経営】が、たまたま同じになっているのです。

では、大企業と言われる上場企業ではどうでしょうか？
私は東証一部上場企業の取締役も経験しておりますが、その会社の株主様の親族ではありませんでした。年に一度開催される定時株主総会で、私の取締役就任を決定したのです。そし

て、その総会の直後に取締役全員が出席する取締役会にて代表取締役（社長）が決められました。これが「所有」と【経営】です。

なぜこのような形になるのでしょうか？　その答えの多くは、「所有」者より【経営】の上手な人に経営を任せたほうが、会社が成長する、儲けることができる、それによって株価が上がる（企業価値が高まる）、そして配当が得られる、と考えているからです。

先ほどお話しした社長の役割が最も上手くできる、相応しい人を多くの従業員（取締役含む）の中から、時には社外から選んだ結果なのです。この選択においては、そもそも、ご子息、ご子女、親族、他人と言う考えはありません。

誰に【経営】を任せば、最も良い状態の会社になるか、ということだけです。

皆さまの会社の【経営】においても、同じように考えても良いのではないでしょうか？

勘違いが無いように、お話しをしておきますが、誰を【経営（社長）】に選ぼうとも、依然として株主は皆さまですので、会社は皆さまのもので変わりありません。社長を任せただけで、乗っ取られるわけではありません。

自動車の運転にたとえれば、

・自動車の持ち主＝株主
・運転手＝社長

と言うことができ、今は「皆さまの自動車」を【皆さまが運転している】わけですが、目が見え難くなったので、判断能力が鈍ってきたので、【運転を変わってもらう】ということです。

そして、親族が社長にならなかったとしても、株式を親族に贈与・相続すれば、引き続き、会社の「所有」者は皆さまの「親族」ということです。

親族が経営するより他人が経営したほうが良い会社になるのであれば、それが良いのでは？

また、他人が社長になったとしても、親族が会社に残れば役員報酬または給与を得て、その上、株式の配当も得られる可能性もあります（※配当を支払う、支払わないについては、株式譲渡時の株式評価に影響してきますので、その際には税理士などの専門家にご相談ください）。

ここまでお読みになっても、他人を社長（承継者）にすることが不安という皆さまのために、取締役の選任についてもお話しをしておきます。

株主が社長（取締役）を決める

株式の1／2以上を保有している株主は取締役を決めることができます。

会社の重要決定事項は、法律で定められていて取締役会の「取締役の過半数」で決議されることになります。ですから、社長は他人でも、取締役の過半数以上が親族であれば会社の重要な部分をコントロールすることができます（決裁事項によって、その割合が異なったり株主総会で決めなければならない事項もあります）。

そして株式の2／3以上を保有している人は取締役を解任することができます。つまり、株式の2／3以上を皆さまと親族で保有していれば取締役を変更することが可能なのです（分かり易くするため、極端な表現をしておりますが、解任するためにはいろいろと手続きが必要ですので、詳しくは弁護士などの専門家に相談の上、実施してください）。

ということは、皆さまは取締役、代表取締役（社長）を決めることも、変えることもできるのです。

先ほどもお話ししましたが、承継者としたい親族がいるけれども「まだ若すぎる、経験が足りなすぎる」ということであれば、ある期間だけ他人に社長を任せて、親族が経営をできるレベルにまで成長したら、社長を交代するということもできるのです。

私は「プロ経営者」として数年だけ雇われ社長、取締役という形で会社に招請され、業績を改善させながら、承継者候補を育成し、会社の未来の形を整えたら、お役目終了、ということも経験してきております。

いかがでしょう？　これで承継者選びの選択肢が増え、引退までの道が開けてきたのでは。

人ではなく、社長としての必要な「能力」があるか？　を見る

皆さまの会社を誰に引き継がせることが、最も良い会社の状態になるのか？　という目で、先ほど作ったリストとにらめっこをしてみてください。

これは引退前の最後の大仕事です。

そこで選んだ承継者候補を熱い情熱とたっぷりの愛情を注いで育ててあげてください。あなたと奥さまの安らかで豊かな暮らしのために。

それでもダメであれば、承継「者」を承継「(会)社」とする売却を考えましょう。承継者の育て方は第8章でお話ししますので、まずは、お読みになり、実践してみてください。

まだまだ、廃業について考えるのは早すぎます。

3．まだ、任せることはできない〜社長を任せるための基準とは？

はい、分かりました。それでは2つの質問をさせてください。

・何ができるようになったら、任せることができる、と判断されるのですか？

・そして、いつまでに引き継ぎたい（引退したい）のでしょうか？

「引き算で承継者に必要な能力を知る」にて、承継者（社長）に必要な能力はお分かりになったはずです。それが全てできるようになったら任せられる、という判断をされたいというお気持ちは分かります。ただ、残念ながら、それは決して叶うことはありません。

「社長を任せる時の基準」と「あなたが引退する時の基準」は違う

なぜなら、あなたの判断基準、想いの中には、とても抽象的な表現（内容）として、「自分と同じようなことができるようになったら」とか、「自分がいなくなっても、会社を経営できるようになったら」ということがあるのではないでしょうか？　それは、

「社長を任せる（時の後継社長の（仕事）力）基準」

ではなく、

「あなたが引退する（時の後継社長の（仕事）力）基準」

です。

勘違いをしないでください。第2節でお話しした「承継者（後継社長）がしなければならない仕事」の中には、現在では承継者ができるはずがない項目も含まれているはずです。例えば、「社長になってからしか経験できないこと」から習得する「（仕事）力」です。副社長でも、どんなに大きな部門の長をしていたとしても、たとえ会社の全ての部門の長を兼任していたとしても、「社長の仕事」とは全く違いますので、社長がしなければならないことは、「社長になってからしか分からない、学べない」のです。

引き算で「社長を任せる時の基準」を決める

ということで、「社長を任せる時の基準」は、

「引き算で決められた承継者に必要な（仕事）力」－「社長になってからしか得られない（仕事）力」＝「承継者の社長就任時に必要な（仕事）力」

と表すことができるでしょう。

それでは社長は任せられない、とおっしゃる人もいるでしょうが、承継者の社長就任時は、まだあなたの引退の時ではありません。皆さまは社長からは外れて、別の立場で会社に残って後継社長を支えながら、育て上げてほしいのです。その時間に経験し、失敗し、壁を乗り越え、真の社長になって行くのですから（役員退職慰労金の支給に関連することがありますので、どのよ

うな立場で後継社長を支えるかについては、税理士などの専門家にご相談ください）。

この期間を第4章第5節の「選択肢別所要時間一覧表（目安）」の「引継期間」の欄で「1年（目安）」と記載しております。この期間中での注意事項は経営をするのは後継社長であり、皆さまは陰で支える役であるということです。この役割はとてもストレスが溜まる時間となりますが、「理想の引退」の日を迎えるために耐えてください。では、

「承継者の社長就任時に必要な能力が備わった時点で承継者に社長の座を譲ろう！」

ということになるのですが、皆さまの判定はとても厳しいので、それを基準としていては、「いつまで経っても、任せられない」ということになってしまいます。そこで、「その半分、50％ができるようになること」を、社長の座を譲る条件とすることはできないでしょうか？

その理由をこれからお話しします。著者はいい加減すぎる、甘すぎる、と思われるかもしれませんが、これまでの経験上、「デキる人」ほど評価が厳しくなります。そして、そのような人が100点満点などつけることは絶対にないのです。そのような人がつける満点（最高点）はせいぜい70点でしょう。

ここで、皆さまの50点（50％）を客観的な数字に置き換えると、

50点／（100点満点／70点満点）≒71点

よく「7割方できたら良し」とする、などと言いますが、皆さまが50点と判断すれば、だいだい客観的に見てその7割達成のレベルになるのです。

これは、甘く判定するということを言っているのではなく、このレベルになれば、「あなたの支え」と後にお話しする縁の下の力持ちであり、相棒役でもある「右腕」がいれば後継社長が会社を経営することができるはずです。

誰にも止められないもの

このように50点合格とするには、もう一つ大きな理由があります。

この本には、皆さまに「理想の引退」を手に入れていただくという目的があります。

人それぞれに、いろいろなお悩みや不安をお持ちでしょうが、皆さまに共通する、そして、決して止められないものが2つあります。

それは、

「**時間**」と「**老化**」です。

私はこのような話をさせていただく時にこんなことを言います。
・止められないもの、時間
・戻ってこないもの、時間
・時間の経過によって衰えて行くもの、身体（体力）
・時間の経過によって衰えて行くこと、判断力と気力
・時間の経過によって増えて行くもの、物忘れと同じことを言う回数と病院に行く回数

これは笑い話ではなく、本当のことです。

どんなにお金があっても、時間だけは止めることができないし、どんなに努力しても、体力は落ち、判断力も落ちて行きます。ですから、「いつから承継者の育成を始めれば良いですか？」と訊かれたら、「今すぐ」とお答えします。

承継者を育てるには時間が必要です。そして、体力も気力も必要です。これが十分にあるうちでないと、教え方が雑になります。そして、教えてもらう相手、つまり承継者も少しでも若いうちに教え始めたほうがより短い時間で覚えることができます、成長することができます。

こんなことが分かっているにもかかわらず、ここで、皆さまに70点と言っていたら、結局、引き継げる人がいないということになってしまいますし、60点といってもこれから5年、10年とかかってしまうのではないでしょうか？

「安心して暮らす」という言葉には、「好きなこと」「豊かに感じること」ができるようにする、という意味が含まれているとお話しさせていただきました。今から直ぐにでも承継者を育て始め、「少しでも若いうち」に、「身体が動くうち」に引退していただくことが、安心して豊かな未来を過ごすことにつながると信じております。

この本を手に取っていただいた理由（わけ）を思い出してみてください。

4. 値段を気にしなければ、いつでも売れる

いくらで会社を売りたいのですか？ それはなぜですか？

ここからは、「売る」ことをお決めになっている皆さまに向けてお話しします。皆さまの会社を、

「いくらで売りましょう？」

「いくらあれば、安心した暮らしができるのでしょう？」

まずは、ここを決めてください。そして、あなたの会社はいくらの価値があるのを知っていただきたいのです。

この段階で、会社は「売り物」です。多くの場合、売買価格は買い手が決めるものです。そして、その価格とは「会社の価値」です。

「どうせ売るなら、高く売ろうではないですか！」

金銭的に豊かな暮らしのために。

会社を高く売る方法（企業価値を高める方法）は、第5章以降にて詳しくお話ししますが、売ろうと思っても、売れない会社があるということも理解しておいてください。

インターネットでも会社の売買状況を見ることができます。そこでは、売りに出て1ヶ月内

外で直ぐに契約が成立する会社もあれば、半年、1年経っても売れない会社もあります。仲介会社の力もあるとは思いますが、基本的には

「その会社に値段相応の価値があるかどうか？」とその時の状況、つまり、マーケットでの「需要があるかどうか？」によるものであると思っています。

その時の状況というと分かり辛いと思いますので、洋服を例に挙げてお話ししてみましょう。

例えば、冬に着る厚手のコートを売る場合、夏にコートを売ろうとしても、誰も買う人はいません。リサイクル業者に持って行っても、保管場所がないので、冬に持って来てください、と言われるか、運よく売れたとしても、冬の価格の1／4以下でしょう。だから、洋服屋さんではバーゲンという名目で季節の後半に半額などで売りさばきますが、それでも季節外れに売るよりも高く売っているのです。

ただ、定価の1／4、会社の売買で言えば、評価額の1／4で売っても良ければ、何も準備もすることなく、気が向いた時に売りに出せば良いかもしれません。そのために、先ほど「いくらで売れれば」というお話をし、第1章にて「目標金額」を設定していただきました。

ここでは、タイミングを例として挙げましたが、その時々の人材確保（有資格者）などの難易度や皆さまの会社が提供できる商品に対するエンドユーザーの需要ということも売買の価格には影響してきます。

ここで一つ「会社の売買」と「コートの売買」と大きく異なる点は、「従業員をどうする

か？」ということです。

買い手が、会社と一緒にすべての従業員も引き取りたいということになれば、1／4の価格で交渉を進めることができますが、人手は足りているので、必要な従業員だけを残して、他の従業員はいらない、というケースもあります。こうなると1／4の価格では売ることができなくなります。売価を落として従業員を引き継いでもらうか、あなた自身の手で従業員を解雇する、もしくは売らずに次の買い手が現れるまで待つ、ということになるでしょう。

ただ、人それぞれにいろいろな優先順位、価値観、経済状況がありますので、「いくらで売ったとしても、現在の社長と言う重責から逃れたい」という人もいますし、「貯えがあるので、いくらでも良いから会社を手放して自由な時間だけがほしい」という人もいると思います。

従業員を育て、会社を育て、売りたい価格で売る

しかし、このようなお考えでなければ、売りたい価格で買い手がほしくなるような会社にするために、その売却額を上げる（企業価値を高める）準備をしなければならないのです。

さらに、現在までついて来てくれている従業員を引き継ぐためには、「従業員の価値」を高める、つまり売却しても新しいオーナーの会社で、「引き続き、雇ってもらえる人財」に育てる必要があるということです。

そうしておけば、万が一、新しいオーナーに引き継いで貰えないということになったとして

も、別の会社に就職できる可能性が高まります。

会社をどうしようが皆さまの勝手、と言えばその通りですが、可能であれば、これまで皆さまを支えてくれた従業員に最後の感謝の意を込めて育てていただければ、と願っております。

例えば、専門家に皆さまの会社を評価してもらったら5千万円と評価され、かつ、皆さまも5千万円あれば「何とか安心した暮らしができる」ので、5千万円で会社を売却することにした、とします。そして、M＆Aの仲介会社にその売却を依頼します。

さて、5千万円と評価された会社を5千万円で買います、という買い手が見つかるでしょうか？　そこで、評価を依頼した専門家では評価できない特別な技術やノウハウ、そしてとても能力の高い従業員がいれば別の話になりますが、通常はその提示価格（売り手の言い値）から価格を下げるための買い手の交渉が始まります。

5千万円あれば「何とか安心した暮らしができる」と思っていたのに、買い叩かれて4千万円と言われたら、どうしますか？

ただ、このケースで専門家が評価した5千万円は「現在のまま」の会社を評価した価格です。であれば、会社の評価額を上げるための行動をして、6千万円、7千万円の評価額にしてから売りに出せば、買い叩かれても、5千万円を手に入れることができるはずです。

備えあれば憂いなし、何ごとも事前準備が大切である

第5章以降では、「会社の価値を高める」ために何をすれば良いか、第8章では従業員の育て方についてお話しさせていただきますので、そこまでお読みになってから、

今のまま何もせずに、成り行きに任せるのか？

事前準備をして、ほしい金額を得るのか？

をお決めになってください。

そうでないと、引退後の安心した暮らしが見えてこない、「理想の引退」とはならないのです。

だからこそ、「勘違い」「思い込み」に気付いていただき、今から未来を創る行動を始めていただきたいのです。

5. 最後は廃業すれば良い

廃業するかどうかはあなたの判断で決めることです。

ただ、そのご判断をされる前に、少しだけ著者の想いをお話しさせてください。

浪花節的にはなりますが、廃業するとなれば、
・従業員の雇用
・あなたが守ってきた技術（モノづくり、コトづくり、サービスづくり）、ノウハウの全てが消えることになります。
これまでいろいろとご検討された結果であるとは思います。承継者についても育成を試み、誰か良い人はいないかと探したけれど適任者が見つからなかったのでしょう。ともすると、お身体の問題もあるかもしれません。

廃業を選ばれるのは、なぜでしょうか？

これから、廃業するに当たっての事務手続きやその他に皆さまがしなければならないことをお話ししますが、先ほどお話しさせていただきました「売却という選択に必要な時間」と「廃業に必要な時間」は、それほど変わるものではないと思っております。承継「者」が見つからないとしても、これまでの皆さまの涙と汗の結晶を消すのではなく、「売却」という方法で

「(会）社」に「引き継ぐ」ことはできませんでしょうか？

勝手な著者の想いを、何も皆さまの事情を知らずに書かせていただきました。できれば、「廃業」という道を選んでいただきたくはない、と思っております。しかしながら、もうお決めになっているのであれば、廃業をするに当たっても、出来る限り、皆さまのご負担（心労）が軽くなるように、その準備と手順についてお話しをさせていただきます。

あなたのすべてを従業員に引き継ぐ

廃業にあたって課題となるのが従業員の新しい雇用先の確保、取引先との関係の清算、そして事業資産の売却になってきます。廃業となれば当然のことにはなるのですが、従業員に伝えることが、とても大きな心労となることでしょう。その心労を少しでも和らげるため、従業員へ廃業を伝える前に、どうしてもしていただきたいことがあります。

それは「あなたのすべて」を「従業員に引き継ぐ」、つまり育てていただくということです。突然、明日でこの会社は廃業する、というような伝え方はされないことは知っていますが、会社売却の時にもお話したとおり、これまでついて来てくれた従業員の次の仕事探し（転職活動）に少しでも役に立つように、これまでの感謝の気持ちを込めて育ててあげてください。これは従業員のためだけではありません。

廃業後に「元従業員の再就職できない姿」を見るほど「切なく心苦しい」ことはありませ

ん。そして、同時にお知り合いなどに声をかけて受け入れていただくことをお願いする活動もしてください。その時のためにも自信をもって推薦できるように、「デキる人財」に育てておいていただきたいのです。皆さまが当たり前と思うことでも、外から見れば、とても貴重な技術であったり、ノウハウであるということもたくさんあるはずです。それをご自身が気が付いていないだけかもしれません。ですから、すべてを目の前にいる従業員の未来のために丁寧に引き継いでください。

「出来る限りの育成をし、引き継げるモノ・コト、ノウハウをすべて引き継ぎ、そして、転職先も紹介した」ということであれば、その従業員から「社長は最後まで私たちを大切にしてくれた」と思ってもらえるはずですし、そこまでして廃業をすれば、皆さまの心の傷も小さくなるはずです。もしかするとその過程の中で、「私にこの会社を引き継がせてください」という従業員が現れるかもしれません。

このような従業員への対応、思いやりも、精神的な安心を確保するには大切なことですので、廃業前には必ず、実行してください。

廃業するにも手間がかかる

では、廃業するに当たっての実務作業についての大まかなお話しをします。

廃業といっても、「今月末で廃業します」と言えば終わり、ということにはなりません。

また一言で廃業と使われている言葉には、いくつかの内容（種類）が入り混じって使われていることがあります。「倒産」「破産」「清算」などです。

その手続きにおいても５つの種類があり、①民事再生手続、②会社更生手続、③破産手続、④特別清算手続、⑤（清算型）私的整理というものです。

ここでは、⑤私的整理を「廃業」と考えられている皆さまが多いと思いますので、この部分についてお話しすることにします。

この私的整理を開始するに当たっては、

・会社を解散させることを決めるための株主総会を開催します
　同時に、解散にあたり清算人を決めます
・ここで決められた解散と清算人を登記します
・会社は債権者に対して２ヶ月以上の期間内にその債権を申し出るように官報に公告します。分かっている債権者には個別に伝えます
・清算人は財産を調査し、財産目録、貸借対照表を作成します
・その後、債権の取り立て、債務の弁済、ここで残った財産があれば株主に分配を行います
・清算人が作成した書類を株主総会に提出します
・この清算事務が決了したら、株主総会で承認を受け、清算結了の登記をします

これで、ひとまずの手続きは完了ということになります。

すべての手続き・作業を皆さまがするのではなく、弁護士などの専門家に依頼されるとは思いますが、「債権の取り立て、債務の弁済」という部分については、場合によってはとても大きな労力を要することもあります（おおよその手続きをお話ししておりますので、実際に手続きを開始される前には、弁護士などの専門家にご相談ください）。

先ほど従業員の雇用先の確保についてお話ししましたが、公的機関にも雇用先の斡旋をする再就職援助計画（雇用対策法）というものがあります。これは「経済的事情」により廃業する場合は適用されますが、残念ながら「経営者の高齢化、健康の問題」「後継者不在」という理由では、現在では適用されないようです。

ここまでお話しさせていただいた5つの勘違いの中でも、第1節でお話しした『どうにかなる』とこの『最後は廃業すれば良い』という2つの勘違いについては、どうしてもお気付きになっていただきたいのです。

『どうにかなる』がどうにもならなくなって、仕方ないから『廃業する』という最後にはなっていただきたくないのです。

それでは「理想の引退」とは、ほど遠い形になってしまうと思っていますので。

引退をするということは、その前には「最後の仕事」というものがあるはずです。学校で言えば「卒業論文」というものを、学校で学んだ全てを結集して創り上げるようなものです。

経営者に置き換えれば、これまで長い間培ってきた全てをかけて、

・承継者、従業員を育てる

・企業価値を高める

ことではないでしょうか？

そして、その「最後の花道」を「従業員、取引先、そしてご家族からの拍手」で送っていただくことではないでしょうか？

ここに使っていただく時間と情熱と愛情と言うものは、必ず、皆さまの未来を明るくしてくれると信じています。

後悔はしていただきたくないのです。

まだ間に合います。

第3章

あなたにとって「理想の引退」の形とは？

1. サラリーマンには定年があるが、経営者にはない！

前章をお読みになり、捨てるべき「勘違い」「思い込み」は捨てていただけたでしょうか？

第1章にて少しお話ししましたが、サラリーマン（会社勤めの人たち）には、その会社で定められた就業規則というものがあり、その中に○○歳の誕生日を迎えたら、とか、○○歳の誕生日を迎えた年度の末に定年となる、というような決まりが定められています。そして、その年齢に達すると会社との雇用関係が終了し、退職金規程に則り退職金が計算され、支払われることになります。

ですから、

「あと○年で定年だから頑張ろう」

「あと○年だから、問題は起こさないようにしよう」

などと、定年（退職金の支給）を目標として、その残りの○年を頑張る、または耐えているのです。

では、皆さまはいかがでしょうか？

皆さまは、会社の経営者トップであり、かつ、所有者である場合が多いため、誰からの制限も受けず、後継社長（経営者）も所有者（株主）も決めることができる、会社においては従業員のプライベートに係ること以外のほとんどを社長である皆さまの判断で自由に決められたり、変更できるはずです。であるが故に、いまだに「引退の日」がいつになるのかが決まっていないのではないでしょうか？

目標がなければ、いつになっても辿り着けない

どんな場合でもそうですが、物事を進めるに当たって、「目標」というものがないと、ついつい日々の行動が蔑ろになり、限りある「時間」というものを無駄に使ってしまうことがあります。

「目標」が定まっていれば、「今」そこにどれだけ近づいているのか？計画と比べて進んでいるのか？遅れているのか？ということが分かり、遅れているとするならば、どのようにして進捗を図るか？などという思考と行動が生まれてきます。先ほどのサラリーマンの例のように「頑張る」ことも、「耐える」こともできるのです。

皆さまに「理想の引退」の形を描いていただき、「理想の引退」の日を迎えていただくことが、この本の目的であり、使命であると考えております。是非、この機会に「いつ」を皆さまの「引退の日」とするかを決めていただき、その目標に向かって、これからの時間を有意義に使っていただきたいと考えております。

2．引退後、どんな暮らしがしたいか？

突然、「引退の日」を決めろと言われても、では「〇年後にしよう」と簡単には言えないとは分かっています。この日を決めるためには、いろいろな条件やご希望があるはずです。

ここでは、その「引退の日」を決めるために、一つずつ整理していくこととします。まずは、「引退したら、どのような暮らし（こと）をしたいか？」

ということを挙げ、「〇年後」という「目標」に明確な意味を持たせましょう。

例えば、皆さまが現在60歳だとします。

どのようなことがしたいか、具体的に挙げるとすると、

・週に1回はゴルフがしたい
・世界一周旅行を夫婦でしたい
・年に2回は温泉旅行に行きたい
・地域のボランティアがしたい
・好きなだけ本を読みたい
・好きなだけ将棋を指したい
・孫の面倒を見ながら、ゆるりと過ごしたい

などなど、皆さまのしたいことを挙げてみてください。これまでずっと仕事ばかりしていたのですから、したいことを、してみたいことをたくさん挙げてみてください。

そして、その横にそれをするために何が必要か？　ということを書いてください。引退後ですから、時間には余裕ができますので、

①　お金

②　体力

になるのではないでしょうか？

そして、そこに優先順位を付けてください。

この段階では、制約条件を考えずに、優先順位＝やりたい順番ということで良いでしょう。

さて、どのようになりましたでしょうか？

ここで「お金」のことが一番気になると思いますが、お金のことは後でお話ししますので、ここでは「体力」、つまり、「実行可能な年齢」という部分に注目してみてください。そして、奥さまのことも考慮してください。

すると、したいことをするために必要な体力を維持できるだろう年齢が何歳であるか？　ということが見えてくるはずです。

例えば、

・週に1回はゴルフがしたい、地域のボランティアをしたいということであれば65歳までに

引退後にやりたいことリスト

やりたいこと	やりたい順序	実行可能な年齢（体力年齢）	費用（万円）	備考
①週に1回はゴルフがしたい	1	65	12	左記は月額（年額144万円）
②世界一周旅行を夫婦でしたい	2	70	200	
③年に2回は温泉旅行に行きたい	3	75	10	左記は1回分（年額20万円）
④地域のボランティアがしたい	4	65	不要	
⑤				
⑥				
⑦				
⑧				
⑨好きなだけ本を読みたい	9	—	不要	
⑩好きなだけ将棋を指したい	10	—	不要	

は引退したい

・世界一周旅行をしたい、ということであれば70歳までには引退したい

・読書や将棋なら、年齢に制限はない

などです（引退後にやりたいことリスト参照）。

ついつい「お金」ということに目が行きがちなのですが、ここだけを見てしまうと、いつまで経っても「引退の日」を決めることができなくなってしまいます。そして、最終的にはある程度の「お金」ができたとしても、その時には「身体が動かないので、やりたいことができない、できなくなってしまった」ということになってしまうのです。

「引退の日」が決まるとこれからが楽しくなる

このようなことから、「引退の日」を決めるには、体力的（健康維持と奥さまの状況も含めて）に何歳までに引退しなければならないか？」

「したいことをするためには、

という視点で、その日をまず設定していただき、次に、

「それを実現するために、いくら必要か？」

ということを算出して、「〇年後までに、〇〇〇万円を貯めることを、稼ぐ、手に入れる」ことを目標としていただければ、「引退」という言葉が「目標」に変わり、「引退」のためにすべき「行動」が明らかになり、その実現の可能性が大きく高まるということになります。

また、第1章で皆さまが計算した「目標金額」に、この「したいことをするための目標金額」を足せば、思い描く「安心した心豊かな暮らし」のための「必要金額」が見えてくるはずです。

「何となく、引退したい」と思うのではなく、

「〇〇するために、〇〇歳までに引退したい」と考えれば、これからの生きがいを見出し、「引退の日」までの「楽しくやりがいのある時間」を過ごすことができるようになります。

「将来に楽しみがあるから、今は『忍耐』する」ということはよくある話ですが、

「将来が分からないので、やみくもに『我慢』して働く」では心にも身体にも良くありません

し、そのゴールが見えなければ、いつまで経っても不安でしかなく、安心には辿り着きません。

念のために、私の考える「我慢」と「忍耐」の違いを。
・「我慢」とは、苦しさや辛さに耐えること（受動的で、後ろ向き）
・「忍耐」とは、自分の決めた目標などに辿り着くまでに起きる苦しさや辛さを、必要な時間や出来事として捉えて耐えること（能動的で、前向き）
どうせ「耐える」なら、前向きに目標に向かって耐えていただきたいのです。

3.「理想の引退」の形とは？

このように「引退の日」を決めると、これからどのようにして「引退の日」を迎えるか？ということを考えることができるようになります。

ここでは、その引退という目標をさらに明確にするため、皆さまの想いを整理して、「理想の引退」の形を決めていただきたいと考えております。

「理想の引退」と言えば、人それぞれ違うとは思いますが、おおよそ、

「引退したい日」までに

「引き継ぎたい相手」に「引き継ぎ」

「引退後の暮らし」に必要な「お金」を手に入れる

ということの3つを実現することですので、これからは、この「理想の引退」を手に入れるために意識的に時間を使うように心掛けてください。

ここまでに、「引退したい日」「お金」については触れさせていただきましたので、「引き継ぎたい相手」を決め、「理想の引退」の形を決めることにしましょう。

会社を引き継ぐ、と言えば、

「親族（ご子息、ご子女含む）」

「現在会社に勤めている取締役・従業員」

「他の会社に売る」

と、大まかに3種類があり、単に「引退」ということであれば、このほかに「廃業」ということも考えられます。

皆さまは今、どのようにお考えでしょうか？

4. 誰（どこ）に引き継ぎたいのか？

引き継ぎたい相手については、皆さまのご家族、会社の状況によって変わってきます。例えば、

1　「親族や取締役・従業員に引継ぎたいのだけれど、どうすれば引き継げるようになるのか分からない」

2　「親族にも、取締役・従業員の中にも承継者（次の社長）に相応しい者がいないから、少しでも高く売れれば良い」

3　「親族や従業員に引き継ぐといつまで経っても会社のことが気になるから、売りたい」

まだまだ他にもあると思いますが、この3つの例について、所要時間の短い順に並べると、3→2→1の順になります。

この引き継ぎ相手ごとの事前準備と対応については、次章『引き継ぎ相手を決め、引退計画を決定する』にてお話しさせていただきますが、引退までに要する時間だけではなく、少しでもこの会社の売却価格を上げたいとお考えになるのも当然であると考えております。

そのためには、「企業価値を高める」ための行動を起こす必要があります。その方法についても、第5章『企業価値を高めるための5つの心得』にてお話しさせていただきますので、そ

の心得をご理解いただき、実践してください。

そうすれば、「企業価値が高まる」だけでなく、社内整備および意識改革が行われることになりますので、親族または従業員へ引き継ぐ場合にも現在より、やり易くなることでしょう。

このようにお話しするのは、今から「引退の日」までに時間の余裕があるのであれば、1の「分からない」という部分を分かっていただき、大切なモノ・コト・サービス、ノウハウ、そして従業員を皆さまの会社で、そのまま引き継いでいただきたいと願っているからです。

その「分からない」部分を「分かるようにする」ために第8章『理想の組織を作る』を用意しましたので、読み進めてください。

5.「引退後の計画」と「引退までの計画」を創る

ここまでで、「理想の引退」の形が、ぼんやりと見えてきたと思います。そして、これを目指すことによって、日々の生活もさらに活力が湧き、前向きになってくることでしょう。

ただ、たとえ、ゴールを設定しても、そこへ辿り着くための計画を創らなければ、具体的に行動することができませんし、進捗を追うこともできませんので、ここではゴールの日、つまり「理想の引退」の日までのスケジュールと、お楽しみの「引退後の計画」を創ることにしましょう。

では、初めにお楽しみの引退後の計画を作成することにしましょう。

引退後の計画を創る

先ほどは、何歳までに引退しないとしたいことができないか？を知るために「引退後にやりたいことリスト」を作成しました。ここでは、それを更に具体的にし、計画としていただきたいのです。

「理想の引退」の日を起点として、

①一番左の列に、したいことを上から下に箇条書きにする

② 一番上の行に、西暦を入れる
③ 2行目にあなたの年齢を入れる
④ 3行目に奥さまの年齢を入れる
⑤ ①のしたいことを、いつ、あなたが何歳、奥さまが何歳の時、または何歳までにしたいか、に印を付けてください。

できれば、奥さまと一緒に創っていただけると二人の想いが共有できますし、奥さまが「理想の引退」の日までの「あなたの監視役」になってくれるはずですので、進捗も図れるはずです。

そして、著者からのリクエストとして、これからは毎年、奥さまと一緒に健康診断に行っていただきたいので、その項目も左の列に入れておいてください。

引退までの計画を創る

先ほどの計画はお楽しみの内容でした。そのお楽しみを手に入れるための計画を創ることとしましょう。

この計画を作成する上で大きなポイントとなるのは、

① 誰に引き継ぐか？
② どこまで企業価値を高めるか？

という2つになります。

第3節において、引き継ぐ相手は、

「ご子息、ご子女、親族」

「取締役・従業員」

「他の会社に売る」

という3種類を挙げましたが、このスケジュールを作成する場合は、

A.「ご子息、ご子女、親族、取締役・従業員」

B.「他の会社に売る」

という2つに分けることにします。

また、②については第5章、第6章をお読みいただき、直ぐに実践していただければ、早ければ1年で完成することもできますが、その内容と企業価値の上げ幅によって変わってくると思いますので、皆さまのイメージで期間を入れてください。

では、ここでは①でAとBに分けたAについてお話しをさせていただきます。

A.「ご子息、ご子女、親族、従業員」に引き継ぐ場合

ここでポイントとなるのが、「承継者の育成」になります。また、現時点で承継者を誰にするかが決まっていない場合には、その承継者候補選びにも時間が必要になります。

次のような表を作成してみましょう。

一番左の列には、上から、

1 承継者選び
2 承継者の育成1
3 承継者の社長就任時期
4 承継者の育成2
5 引退の日

次に、2列目には、1と2と4をするために必要な項目（作業）を挙げてください。2を例にしますと、

2. 後継者の育成1
(1) 資金繰りの仕方
(2) 判断の仕方
(3) 組織のまとめ方
(4) 人材育成の仕方
(5) 技術の習得

など、皆さまが社長を任せるために必要であるという項目を挙げてください。

ただし、この項目は第2章第3節『引き算で「社長を任せる基準」を求める』でお伝えした内容としてください。でなければ、いつまで経ってもこのスケジュールが決まりませんので。そして最後の3列目に、その必要な項目（作業）を完了させるまでにかかる時間（年・月）を入れてください。

また、4承継者の育成2については、お話しした通り、後継社長就任時の能力は、皆さまが社長に備えてほしい理想の「(仕事) 力の半分 (50%)」ですので、その足りない部分と就任してから後継社長が経験し、習得しなければならない内容を挙げ、そして、それに要する時間を3列目に入れてください。

このように整理することで、皆さまがこれからしなければならないことが明確になってくるはずです。これらの項目を「理想の引退」の日までに仕上げるという具体的な目標ができましたので、その日が一歩近づいてきました。

次章では、引き継ぎ相手ごとの事前準備などを説明させていただき、引退計画をより明確にし、決定していくこととします。

第4章

引き継ぎ相手を決め、「理想の引退」計画を決定する

～「最後の日」を自分で決められる喜び

1. 親族へ引き継ぐ

引退をするための引き継ぎ相手と言えば、
・親族（ご子息、ご子女含む）
・現在会社に勤めている役員、従業員
・他の会社（売却）
の3種類に分けられると前章にてお話ししました。

また、第2章では承継者の見極めに関する「勘違い」「思い込み」についてお話しさせていただきましたので、ここからは「誰」または「どこ」に引き継ぐことが、皆さまの「理想の引退」を実現することになるのか？　そして、そのためにはどれくらいの時間が必要になるのか？　を割り出し、「理想の引退計画」を創り上げていただきたいと考えております。

中小企業において会社を引き継ぐ相手と言えば、最初にご子息、ご子女が挙げられ、この人たちが不可能となれば、親族の誰か、ということになり、ここで売却を決めてしまう経営者と、今の会社にいる取締役・従業員に引き継ぐことはできないかと考える経営者に分かれます。

親族に引き継ぎたいと思いながらも、引き継げないと思い込んでしまう理由は次のような内容のようです。

・引き継ぐ気がない
・引き継ぐ（仕事）力がない
・引き継ぐにはまだ早い

本当に引き継ぐ気がないのか？

引き継ぐ気がない。

その理由はなぜか？　ということを訊いたことがありますか？

皆さまの想いを、本気で承継者に伝えたことがありますか？

その理由もいくつかに分けられるのですが、

・安定した生活がしたい
・社長に向いていない
・会社を経営して行く自信がない
・配偶者から反対された

などが挙げられます。

なぜ、皆さまの想いを本気で承継者に伝えたことがありますか？　とお訊きしたかと言うと、

右から3つは本人の問題なので、本人の考えが変わらない限り引き継ぐことは難しいのです

が、最後の「配偶者から反対された」という理由を正しく知っていただきたいからです。

この言葉の裏には、「自分としては継ぎたいのだけれど」という承継者の意志が隠れていることがあります。そして、配偶者が反対している理由にもいろいろとあるのですが、その理由が「お子様の学校」の件である場合があります。

この場合は、皆さまの会社を継ぐことに反対しているのではなくて、「引き継ぐことを伝えた時点」では「反対」であるということを、短い言葉で「反対」と言っていることがあるのです。

このような例があります。

承継者のご家族のお子様が、現在は中学3年生で高校受験を控えている。志望高校は、公立高校で地域一番の進学校であるという場合、皆さまの会社がある地域に同等以上の公立高校がない、としたら配偶者は決して首を縦には振らないでしょう。もしも、そのような学校が皆さまの地域にあったとしても、受験間近のタイミングでは説得することはかなり難しいと思います。では、3年後ではいかがでしょう？ 3年後と言うのはお子様が大学に進学する年です。高校は現在住んでいるところから通うのは一般的なことですが、大学ではいかがでしょうか？現時点で、承継者のお子様がどのような進路に進み、どこの大学に通うのかが決まっていないケースが多いのでは？

そこで、配偶者に対して、「〇〇（お子様）が大学生になったら、地元に戻って会社を継ぎたい」と言っても、即答で、「反対」と言われるでしょうか？

これは、ほんの一例です。

親族ごとに、家庭ごとに、さまざまなご事情があると思いますので、まずは承継者になってほしいという親族がいたら、しっかり向き合って話し合ってみてください。

そこで、時間だけでは解決しないことであれば、どうすれば解決できるかをお二人で話し合って、それでもどうにもならないようであれば、次の承継者（取締役・従業員）への引き継ぎを考えてみるということではいかがでしょうか？

引き継ぐ力がない、まだ早い

と、おっしゃられる経営者がいます。

第2章にて、こんなお話しをさせていただきました。

「あなたのように全てを自分一人で出来る（仕事）力は必要ない」と。

デキる経営者になればなるほど、ついつい承継者を見る目が厳しくなるのです。「私のころは・・・」とか「私だったら・・・」などと。それはそうかもしれませんが、今の会社を見回してみてください。

「創業当時」の会社組織と同じですか？

あれから、時間の経過とともに一人ずつ従業員が増え、一人でやっていた仕事が少しずつ減って行き、今では手を動かすことも随分減ったのではないでしょうか？

「まだ早い」とおっしゃるのであれば、いつになったら、どのような仕事ができるようになったら、引き継ぐのか？　をお聞かせください。

創業者の皆さまは、初めから社長だったわけですから、これまでの仕事が「普通」であるかもしれません。「普通」と思われているので、人（自分以外の人）に対しても、同じ「物差し」を当てて判断をしてしまうのですが、「社長の仕事は、社長になってからしか分からない。社長になってからしか経験できないこと」もたくさんあるのです。ですから、「社長」にする前に「社長の仕事」ができなければ、引き継ぐことはできないと思っていると、いつまで経っても承継者に引き継ぐことができません。ですから、一旦、その「思い込み」を捨てていただきたいのです。

物差しを創る

では、どうすれば良いかと言いますと、まずは、皆さまが考える「社長の物差し」を創ってください。知識（製造業では技術力も含む）、リーダーシップ、判断力、行動力、決断力などいろいろな要素があるはずです。そして、各々に、自分の後を継ぐには、これくらいはできていなければならないという項目を挙げ、各々の「物差し」に目盛りを付けてください。これが「物差しA」です。

ここから、先ほどお話しした「社長になってからしか経験できないこと」から習得する「（仕事）力」を除いてください。これが「物差しB」です。

こうしたとしても、皆さまが「理想とする社長像」、つまり皆さまと同じ「力＝すべてが一人で出来る」を基準に「物差しA」は創られているはずなので、「物差しB」から、これからの社長（承継者）が自分一人で出来なくても良い「(仕事）力」を除いてください。念のために説明しておきますが、これは、それぞれ「社長以外の従業員」に任せることができる「(仕事）力」、または、1、2年育てれば任すことができる従業員の「(仕事）力」のことです。これで「物差しC」の完成です。

これからは、この「物差しC」で承継者の成長を測ることにしてください。

そして「物差しC」の半分（50％）の目盛りまで育った時点で、承継者に「社長の座」を譲り、皆さまは別の立場で後継社長を支えながら、残りの半分を育てるということにしてみてはいかがでしょう。その時に「右腕」という存在が必要となりますが、これについては次節にてお話しします。

そして、もう一つお訊きします。

これまでずっと、手間暇かけて丁寧に承継者を育てた、と言い切ることができますか？　そのように育てたのだけれど育たなかった、と言い切ることができますか？

従業員を育てる時の心得（心構え）について、基本的には皆同じとお考えいただきたいのですが、ただ、一つ違うのは、親族か？　他人か？　ということです。

血が濃くなれば熱くなる

これが、物を教えるときに障害になることが多いのです。従業員であれば、そんなに感情的になることはないのですが、なぜか、親族になると感情が先に出てしまい、教えている最中に言い合いになってしまったり、従業員には決して言わないことまでも言ってしまうことがあるのです。その理由も分かります。親族だからこそ「これくらいは分かっているだろう、これくらいは分かってほしい、いつも家で話していることだから」「なんで私の子供なのに、こんなことが分からないのか！」などと思ってしまうことも。

とは言っても、お二人の「普通」は違いますし、お二人のレベルに大きな差があるのですから、丁寧に相手が理解できるように伝えなければならないのです。これは、誰に対しても同じことです。

難しいことではありますが、「人を育てる」時には、親族、他人という枠を外していただき、教える相手のレベルを知り、レベルに合わせて丁寧に接し、たっぷりの愛情を注いで育てると心得て進めてください。

決して熱くなり過ぎず、感情的にならないことを忘れずに。

2. 親族後継社長を支える右腕〜右腕にしかできない大切な役割

特に、親族を承継者に選ぶときには、同時に選んでおかなければならないのが、後継社長の右腕です。

右腕と聞くと、物凄く頭が切れて仕事ができる、とイメージしがちですが、ここでの役割は、

・直接の仕事上のサポート

だけでなく、

・心のサポート

・人間関係を上手く創るサポート

・皆さまと後継社長のパイプ役

であると考えてください。

承継者が従業員である場合も、右腕はいたほうが良いのですが、親族、特にご子息、ご子女に引き継ぐ場合は、右腕とセットでなければならないと考えておいてください。特に、3つ目、4つ目に挙げた役割としてその存在が必要になります。

では、なぜ、この4つの役割を持つ右腕が必要なのかをお話しします。

1つ目は、一般的な右腕のイメージです。

社長就任時、後継社長の仕上がりは皆さまが社長に備えてほしい理想の「(仕事)力の半分(50%)」ですので、会社のすべての仕事、お客様、取引先を知っているわけではありません。ですから、会社の全体の仕事を知っている従業員を選ぶ、もしもそのような従業員がいなければ承継者と一緒に育ててください。

社長という責任の重さ

2つ目は、心のサポートです。

皆さまは、初めから「社長」という重責を背負っていますから、その重さをさほど感じていないかもしれませんが、会社の中で「社長」とそれ以外の取締役・従業員とでは、その責任の重さが全く違います。やることも、考えることも全く違います。「社長」と「副社長」でも、その違いは圧倒的に違うのです。私は経験者ですので、その大きな差、違いは身に染みて分かっています。さらに、その責任の重さだけでなく、「孤独感」にも耐えなければなりません。

「経営者は、いつも孤独である」と考え、耐え、経営を続けて行くことは簡単なことではありません。その一方で、後継社長はこれまで同僚と上司(皆さま)の悪口も言えてきたはずです。それはそれで仕方ないことです。夕方の居酒屋では「上司の悪口をつまみ」に呑んでいる人もたくさんいますから。

しかし、社長になった途端、「誰の悪口」も言えなくなり、「言い訳」もできなくなるのです。さらに「悩みの相談」をする相手さえもいなくなるのです。親子なんだから、親戚なんだから、困ったら相談してくれれば良い、と皆さまが思っていても、身内だから余計に相談しにくいこともあるのです。

こんな時に、「愚痴を聞いてくれる人」「相談ができる人」がいると心が安らぐのです。そして、時には「社長、そんなことではいけません！」というように叱ってくれる人が必要なのです。ここが皆さまと後継社長が圧倒的に違う部分です。

右腕にしかできない大切な役割

さて、ここからが親族が社長となる場合に肝となる役割です。右腕の役割の3つ目。とてもイメージしにくい「人間関係を上手く創るサポート」とタイトルを付けさせていただきました。簡単に申し上げるとするならば、後継社長より「年齢が上」「勤続が長い」取締役・従業員からの「妬み」などの感情を抑え、彼ら彼女らを後継社長の「支援者」に変えていくという役割です。

「社長の息子が社長を引き継ぐのは当たり前だ！」と皆さまは思われるでしょう。その通りです。社長を決めるのは皆さまの勝手です。株主でもあるはずですから。しかしながら、それでは上手く行かないのです。人には、それぞれの「普通」があり、「感情」というものがあります。この「感情」というものは「良い方向」にも「悪い方向」にも、ほんの少しの言葉であったり、行動で変わるものです。

「年齢が上」「勤続が長い」とお話ししましたが、彼ら彼女らも頭の中では「社長の息子だから仕方ない」と言い聞かせながらも、心の中では「あんなに若くて・・・」とか「私の半分の経験もないのに・・・」などと思ってしまうものなのです。

特に、少し前までは〇〇くんと呼んで教えていたほうだったのに、突然、上司になる。学校にたとえて言えば、急に生徒が先生になる、それも校長先生になるのですから、文句の一つも言いたくなるでしょう。不満を心に抱えた人たちが重要な役割を担う従業員だったらどうなるでしょう。「物差しC」を創る時に「物差しB」から「承継者（社長）以外の従業員」に任せることができる「(仕事）力」として除いた能力を持つ従業員であるとしたら、悪い感情を抑えなければ、「物差しC」の長さを見直さなくてはなりません。最悪の場合、後継社長就任（社長が変わる）と聞いた時から、新しい会社を探し始めることだってあります。

ですから、このような状況にならないようにすることが、右腕の大きな役割となるのです。

そして、4つ目の「皆さまと後継社長のパイプ役」です。

皆さまには会社に残っていただき、足りていない残りの「半分（50%）の（仕事）力」を支えながら、育ててください、と申し上げました。

ここで勘違いしていただきたくないのは、経営をするのは後継社長であり、取締役、従業員への情報発信も後継社長であり、表に出るのも、すべて後継社長です。

「理想の引退」のための忍耐

「皆さまは、直接、手を出してはいけません」

であれば、どのように育てるのだ、と思われるでしょう。このような心得でお願いします。

・いくらご子息、ご子女であっても、社長と呼ぶ
・後継社長の意見を尊重する
・後継社長に訊かれたら答える
・直接、取締役や従業員に指示をしない
・見て見ぬふりをする

とても「忍耐」が必要な時間です（「我慢」と「忍耐」の違いは、前章で説明した通りです）。

決して、「一隻の船に二人の船頭」がいるようなことになってはいけません。

となると、訊かれたら答える、という点でしか後継社長と接触することがないように見えるはずです。「はい、その通り」です。

あるとすれば、企業理念（在り方）に反した行動で商売を進めてしまった時と、万が一、知識・経験不足から無意識のうちに法を犯しそうになった時です。その時は、遠慮なく口を出してください。

それ以外は、皆さまが選んだ右腕を使ってください。できれば、皆さまと右腕が話していることなどを、後継社長はもちろんのこと、従業員にも知られないように注意してください。そ

して、ここでも少々の忍耐が必要となるのですが、皆さまが右腕に伝えたとしても、その内容を後継社長に伝えるタイミングは右腕に任せてほしいのです。右腕にも、上司である後継社長には言いにくいこともあるでしょう、特に皆さまから聞く話はそのはずです。ですから、どのようなタイミングで、どのように伝えるかで、聞くほうの受け止め方も変わるでしょうから、ここでのタイムラグについても、少々の忍耐をお願いしたいのです。

ここまでで、右腕の必要性についてはご理解いただけましたでしょうか？

では、どんな人物を右腕として選び育てるか、その素質について優先順位を付けて並べると、

・後継社長の味方になってくれる
・あなたが信頼できる
・人間力が高い、影響力がある
・会社全体の仕事を知っており、業務遂行能力が高い

などとなってくるはずです。

この順に大切ということになると、1番目と2番目と3番目は育てるというよりは、現状の判断になると思います。しかし、4番目は承継者の育成と同時にできることですので、承継者を決め、育成を始める時には、その承継者に合わせて右腕を決め、一緒に育てることによって「理想の引退」の日を迎える準備を始めていただきたいと思っております。

皆さまの最後の大仕事ですので、熱い情熱とたっぷりの愛情を注いで。

3．従業員へ引き継ぐ

第2章において、所有と経営の分離というお話しをさせていただきました。そこでは、
「所有」＝皆さま、【経営】＝皆さま
という状態を、
「所有」＝皆さま、【経営】＝取締役・従業員（他人）とする
という前提でお話しをさせていただきました。運転手の交代、というお話しです。
ここで、「所有」＝取締役・従業員（他人）とするMBOという承継方法もありますが、この方法を前提に考えてしまうと、「所有」者の変更、つまり、皆さまの会社の株式を譲渡する（売る）ということになるのですが、取締役・従業員がその資金を調達できない場合がありますので、ここでは、まずは、
「所有」＝皆さま、【経営】＝取締役・従業員（他人）
という形を取り、その後の状況に合わせて、株式の譲渡についてお考えになっても良いと思っておりますし、この状態で親族に株式を贈与、相続するということを考えることもできます。
最近では、中小企業においても、親族承継者不足により、従業員（他人）を社長にすることが多くなってきているようです。また、大企業、上場企業と言われる会社においては、お話し

したとおり社長は他人である場合が多いのですが、場合によっては、社内の取締役・従業員からではなく、外部から他人を招聘し、社長とすることもあります。

第1節では、承継する者が親族であるという前提で話を進めましたが、ここからは、従業員(取締役含む)に引き継ぐ場合を想定して、現在の会社組織においては誰を承継者とすれば「あなたがいなくなった会社」を最も上手く経営できるか？という観点で話を進めて行きます。

従業員から承継者を選ぶとなれば、親族から選ぶのと比べ、選択肢は広がるはずです。

もう一つの物差し(X)

もしも選択肢があるなら、もっとも運転の上手な運転手に変わるべきでしょう。先ほど「物差し」をA～Cまで創りました。そして「物差しC」の半分(50％)で社長の座を譲ることを提案させていただきました。ただ、この物差しを創る時には、承継する親族のことを思い浮かべながらお創りになったはずです。それが「物差しA」です。

ここでは、新しい物差しをもう一つ創ってください。

それは、誰かをイメージするのではなく、

「現在の会社組織」

「配置された従業員」

を見ながら、いまの社長に必要な「(仕事) 力」を目盛りとした「物差しX」です。イメージとしては、

「現在のこの会社なら、こんな (ことができる) 人物が社長になると良い」

という感じです。ともすれば、親族後継社長のために創った「物差しA」は、「皆さまがこの会社を創ってから現在まで」という長い時間を思い返しながら作成されたのではないか？と思っています。「たった一人ですべての仕事をやり切った時代から現在まで」を、親族の顔を思い浮かべながら。

ただ、現在では「運転する車」が変わっているので、「運転のしかた」も変わっているはずなのです。「運転する車」とは、現在のあなたの会社です。

創業時は、マニュアル仕様で、自分でギアとクラッチを操って運転し、整備し、時には壊れたら、自分で修理し、事故に合えば大ケガをすることになったでしょう。

一方、現在の車は、オートマ仕様のフル装備でコンピュータが管理してくれ、故障も少なくなっているので、運転に集中できますし、エアバッグが万が一の時にも身体を守ってくれます。

このように、現在の会社の「装備」「整備士」「保険」を見回し、いまの車の「運転手」には、何が必要で、どんな人物像が良いか？という承継者になるための条件を創るということです。これを「物差しV」として、親族が承継者になる時と同様に、「社長になってからしか経験できないこと」から習得する「(仕事) 力」を除いて「物差しW」としてください。この

「物差しW」は、現在の会社組織を見ながら創られているので、あまり多くはないと思いますが、親族後継社長の物差し同様、「後継社長以外の従業員」に任せることができる「(仕事)力」、または1、2年育てれば任すことができる従業員の「(仕事)力」を除いてください。

これで「物差しX」ができました。未来を意味する「X」です。

教えられないものを整理する

それでは、承継者(候補)を選ぶ作業を始めましょう。

当然のことながら、目盛りの中には、さまざまな皆さまの想いという優先順位が込められているはずです。これは人それぞれ違っていると思いますが、その高い優先順位にある項目が、

「育てられるものか?」

「育てられないものか?」

に分けてみてください。皆さまの「理想の引退」を迎えるためにとても重要な項目です。

例えば5項目あったとして、優先順位の順に並べて、

①リーダーシップ―教育不可

②話す力―教育可

③知識―教育可

④明るい性格―教育不可

⑤ デザインセンス―教育不可

となったとします。

さて、この5つの項目すべてに合格点を付けることのできる従業員はいますか？ そう簡単にはいないはずです。ここで、「いないから、引き継ぐことは無理だ」なんてことを考えてはいけません。まだ、早すぎます。

これが「現在の組織」を見て、皆さまの「後継社長」の条件となるのであれば、①④⑤が絶対条件であるということです。

②と③は、これから教育すれば良いのです。

もしも、①④⑤の内、⑤（デザインセンス）だけが合格点にならない場合、つまり「現在の会社」全体で足りないことになってきますので、この部分は外から呼んで来る（採用する）またはは外注（アウトソーシング）すれば良いのです。

①④は、合格

②③は、これから教育

⑤は、採用または外注

という整理ができれば、お眼鏡に適う従業員が見えてきませんか？

万が一、その姿があまりにも若い、経験が不足しているなどという制約条件があるのであれば、親族への承継の通り、右腕を育て、「セットにして承継者」と考えることもできます。

もしくは、いきなり社長とはせず、一旦、副社長という座に置いて、ある程度の権限を持たせ、そこで育てるという方法もあります。

親族へ引き継ぐよりストレスは少ない

基準としては、親族へ引き継ぐのとタイミングは同じで良いでしょう。従業員に社長の座を譲るのことのほうが、親族に譲るより、引退までの時間をストレスなく過ごせるかもしれません。なぜストレスが少ないか？ と言うと、社長は「経営者」であり、皆さまが「所有者（株主）」であるので、皆さまは「経営者」から定期的に業績報告などを受けることができるのです。ここは、親族が後継社長になった場合も同じなのですが、親族以外が後継社長である場合には、皆さまが「前経営者」でもあることを十分すぎるほど理解し、認めているので、素直に質問などもしてくるはずです。ともすれば、その報告の場でなくとも、分からないことを訊いてきます。この部分が、なぜか親族（血がつながっている）となると素直になれないようです。皆さまのことを「前経営者」として素直に見れない（訊けば、余計なことまで言う小煩い（こうるさい）父親など）、ということもあるようです。

また、従業員の中から、リーダーシップがある人物を選び、育て、社長にしたわけですから、従業員からの信頼はあるはずなので親族を社長にする場合とは違い、社長就任時に会社組織があまり荒れることがないはずです。もしも、ここで荒れたとしたら、人選に誤りがあったのかもしれません。

ですから、右腕の役割から、「人間関係を上手く創るサポート」がなくなり、さらに、素直な後継社長であれば、「皆さまと新社長のパイプ役」という役割もなくなります。

このような違いが、親族と従業員ではあるはずですので、親族にこだわらず、今いる取締役・従業員に「物差しX」をあてて探し、育成してみてください。

最後に、社長の座を譲ってから引退されるまでの間は、親族の場合と同様、後継社長を立てて、尊重して、ここでも決して一隻の船に船頭が二人になることはないようにお気をつけください。

どちらに引き継ぐにしても、ここで忍耐しなければ、「理想の引退」への道は開かれません。

4. 売却するための事前準備～売り出す前に会社の価値を高めておく

さまざまな理由で、親族にも、従業員にも引き継がず、「売却」という方法で「理想の引退」の道を選ばれる皆さまにも、これまでの皆さまへの感謝の意を込めて「理想の引退」の日を迎え、「安心した暮らし」をしていただきたくためには、どのような事前準備をすることが必要であるか、ということをお話しさせていただきます。

現在においては、インターネットで「M&A」と検索すると数多くの「M&A仲介会社」を見つけることができます。会社によっては、売り手（皆さま）の情報をパソコンから入力すると、既にある各社のデータベースから皆さまの要望にマッチした買い先の情報が提供され、皆さまが交渉を進めたければ、その後は皆さまと紹介された会社で交渉を進めることができ、かつ、「売り手」からの「着手金の支払い」「紹介手数料はなし」という会社もあれば、手数料が必要という会社もあります。また、対面にてその紹介会社の担当者と打ち合わせをし、

「いくら」

「どのような状態（課題となるのが、従業員の雇用など）」

で、売却したいかという情報を詳しく伝えれば、買い手を探してくれる仲介会社もあります。

秘密保持契約というものを紹介会社と結ぶことにより、皆さまが会社を売りたいと思ってい

ることが漏れることもありません。

もう一つは取引をしている金融機関（銀行）の担当者に相談をして買い手を見つけてもらう、と言う方法があります。既にお付き合いがあるということで、M＆Aにかかる時間が短縮されるということもあるかもしれませんが、その後に影響が出る場合もありますので、慎重に声をかけてください。

このように、いろいろな仲介会社が存在するのですが、売れるか売れないかは、

「皆さまの会社の価値」

「買い手が評価する価値」

のどちらが高いか？　ということで決まるでしょう。

従業員の雇用継続についても、皆さまの「会社の価値」が高ければ、買い手がその雇用継続を希望していない場合でも、その部分（労務費等）を考慮したとしても、買い手が評価する価値よりも高ければ、皆さまが希望する形で売ることができるはずです。

時には、売却価格はさておき、大資本の会社に売却することによって、従業員が安定した会社に勤められることになり、皆さまが育んできた技術（モノづくり、コトづくり、サービスづくり）が磨かれ、向上するだろうことを願って、または、本音では親族または従業員に引き継ぎたいのだけれど「現在の状況では引き継いだとしても？」とお考えになり、従業員のことを考え「売却」の道を選ばれる経営者の皆さまもいるようです。

売り出す前に会社の価値を高めておく

ただ、いかなる理由で「売却」の道を選ばれるとしても、売れるためには、買い手が欲する会社でなくではなりません。その欲する会社になるためには、売りに出す前に、「会社の価値を高めておく」ことです。そのためには、

① 利益を今より多くする
② 資産（の評価額）を今より多くする
③ 従業員を今より成長させる

ことが必要になります。その方法については、第5章以降でお話しをさせていただくこととして、この他に確認、準備していただきたい3つのことを先にお伝えしたいと思います。

それは、皆さまの会社を客観的に見て（外から見て）、価値が高い会社であるということを分かり易く表現する、ということです。

一つ目は、皆さまの会社の理念、ミッション、ビジョン、事業計画を見直してみてください。もしも、無いというのであれば、売りに出す前に創ってください。この部分については、第5章、第7章『大まかな計画を作る』にて詳しくお話しをさせていただきますが、この理念、ミッション、事業計画の作成または見直しをする際には、2015年に国連において加盟国193ヶ国全国一致で採択されたSDGs（Sustainable Development Goals：持続可能な開発目標）の17のゴール、そして、169のターゲットを視野に入れ、紐づけたものとするこ

とをお勧めします。これは無理やり紐づけるのではなく、ＳＤＧｓの内容を理解いただき、現業から判断して目指すことができるもの、そして、「こう在りたい」「このようになければならない」という「在り方＝理念」も含めて、表現してみてください。このＳＤＧｓの17のゴール、169のターゲットは2030年までに世界中の人たちが達成しなければならない目標ですので、客観的に見ても理解しやすい、評価しやすい内容となります。また、ここに向かうような理念、ミッションを設定することで、社員教育もやりやすくなり、採用活動にもメリットが出てくるはずです。

買い手は、このＳＤＧｓのことを理解しているはずですので、好印象を与えるだけでなく、売り出すまでの間に、この対応により社内の環境整備が進み、皆さまの会社および商品の対外的なアピールもやり易くなるはずです。

そして何より、皆さまの会社が地域に貢献していることを言葉で、文字で表現し、伝えることができるようになります。

2つ目、3つ目は、一言では言いづらいのですが、例えば、

・技術
・商品

に同業他社がやっていないことはないか？

・顧客リスト

・取引先

が異業種から見て魅力的な内容はないか？　などが挙げられます。

前者に特徴的な内容があれば、皆さまの会社でしか作れないもの、売れないものとしておけば、買い手がそこに興味を持てば有利に交渉が進むことになるでしょう。

そのために事前に、「特許」「商標」などの権利を確保しておくということが挙げられます。

また、後者に特徴があれば、異業種企業が皆さまの会社を買うことによって、現在では「手が出せない」企業群にアクセスをすることができ、販路が広がることにつながらないか？　という視点で、同業種以外の売却先候補を広げるためにも、皆さまの会社の保有リスト（顧客、取引先など）を出来る限り増やしておいてください。

やはり、ここでも育てることが必要である

そして、「従業員」を育てておくことです。皆さまの会社が技術者や資格者を抱えている場合は、人手不足の状況においては、特に買い手はその技術、資格を持った従業員を獲得するために会社を買うということもあります。また、「優秀な人財」という「宝物」は世の中にはそんなに多くいませんので、皆さまの会社に優秀な、つまり、「皆さまのような従業員」を育てておくことも、買い手に対して会社を魅力的に映すことにつながりますし、社内教育が行き届いた会社である、という好印象を与えることもできます。

価値をあげるために身の回りの経費を見直す

また、利益を多くするためには、「利益に直接つながらない経費」を削減することがもっとも効果が上がる方法ですので、役員接待交際費、役員社有車リース、節税のための保険や投資などを見直すことをお勧めします。特に、節税のための保険など期間が定められている商品は、その期限に到達しないと解約返戻金の率がとても低くなっている場合がありますので、売却までにその期限に到達しないと、節税ではなく、単なる利益の無駄使いになってしまう可能性もあります。まだ他にも挙げられるとは思いますが、このような経費の積み重ねが、会社の価値を落としていることもあります。このような経費が見直されている会社は、買い手に「良い会社」「クリーンな会社」と好印象を与えることでしょう。

参考のために、次章第2節『会社の価値を高める素敵な社長のお金の使い方』として、いくつかの例を挙げてみましたので、楽しんでお読みください。

皆さまが変われば、従業員も変わり、会社が変わります。ここでお話しした「利益に直接つながらない経費」について、少なくとも経理担当は知っているはずですし、あまり良くは思っていないはずです。後にお話しする「企業価値を高める」ための「こぼれない器創り」においても、重要な位置を占める考え方であり、行動ですので、「引退」をお決めになった今、ぜひとも見直しをお願いします。

5. 引退までの計画を見直し、決定する
～決めたゴールに辿り着くために～誓い

前章にて一旦の引退までの計画を作成していただきました。ここで本章をお読みいただいた上で、今一度、引退までの計画を見直していただきたいのです。

ともすると、「売却」をするつもりだったけれど「従業員」に引き継げないかと考え直している、「すぐに」売却するつもりだったけれど「会社の価値を高めて」から売却しようかとも考えている、などの気変わりがあるかもしれませんので。

参考のために、誰（どこ）へ、どのように引き継いだら、どれくらいの時間が必要になるのか？ ということを大まかに纏めてみましたので90ページの表をご覧ください。

5つのパターンに分け、それぞれ6つの段階に分けた時間の合計が右に書いてあります。最も時間がかからないのが、3の売却で、「1年～1年半」と書いてあります。これは、現状のままM&A仲介業者に売却を依頼して、買い手の言いなりの価格なら1年、価格交渉をするのであれば1年半とご理解ください。また、引き継ぎ後に最大1年と書いておりますが、これは買い手から会社に残るよう依頼された場合であり、日常業務をすることはないでしょう。

そして、最も時間がかかるのは、1の承継者不在で、これから承継者候補を社内から見つけ出し、育てる、という場合で、「2年半～4年」を目安としています。引継期間を1年として

おりますが、この期間は経営をするという時間ではなく、不足している「半分（50％）の（仕事）力」の部分を育成し、会社が誤った方向へ行かないように後継社長を支えるための時間とお考えください。

引き継ぎ相手別にポイントを整理してみます。

引き継ぐ相手によって、計画内容は違う

・親族に引継ぐ場合

①承継予定者が、いつ皆さまの会社に参加できるか（他社で働いている場合）
②後継社長の育成にどれくらいの時間が必要か（50％達成レベル）
③右腕の育成にどれくらいの時間が必要か
④引き継ぎやすい会社にするためにどれくらいの時間が必要か（※次章『企業価値を高める5つの心得』を実践するための時間であり、これらを実践することが、引き継ぎやすい会社にすることにも直結します）

⑤引き継いでから、引退までにどれくらいの時間が必要か

・従業員に引継ぐ場合

⑥育成期間にどれくらい必要か（50％達成レベル）
⑦引き継ぎ易い会社にするためにどれくらいの時間が必要か（※企業価値を高めるための5つ

交渉期間	育成期間	引継期間	合計（目安）
0年	1年～2年	後継社長就任後：1年	2年半～4年
0年	1年～2年	後継社長就任後：1年	2年～3年
半年～1年	0年	最大1年（買い手からの要望による）	1年～1年半
半年～1年	0年	最大1年（買い手からの要望による）	1年半～3年
半年～1年	1年（著者希望）	なし	2年～2年半

の心得を実践するための時間）

⑧引き継いでから、引退までにどれくらいの時間が必要か

・**売却する場合**

⑨いくらで売りたいか

⑩従業員の雇用をどうするか

⑪会社の価値を高めてから売るのかどうか、高めるのであれば、それにはどれくらいの時間が必要か（※企業価値を高めるための5つの心得を実践するための時間）

このように3つの場合において11のポイントに纏めることができます。

走りながら考える

・承継者に引き継ぐ場合は、承継者の選定と育成

・承継社に引き継ぐ場合は、売却価格と従業

選択肢別所要時間一覧表（目安）

			準備期間１（承継者の選任）	準備期間２（企業価値向上）	準備期間３（計画作成／業者選定
1	承継者へ	承継者候補未定	半年〜１年	１年（育成期間に含む）	０年
2		承継者候補あり	０年	１年（育成期間に含む）	０年
3	売却	企業価値向上なし	０年	０年	半年
4		企業価値向上あり	０年	１年〜２年	半年（左記２に含める
5	廃業		０年	０年	半年

注１）承継者へ承継する場合の１および２についての準備期間２（企業価値向上）にする時間は、育成期間に含め、合計（目安）を表示しております
注２）売却する場合の３および４についての引継期間の最大１年という期間は、買いの要望があった場合に限るので、合計（目安）には含めておりません
注３）売却する場合の育成期間については、著者の希望として１年を設定し、合計（安）に含めております

員の雇用維持

が大きなポイントとなるはずですが、どちらにせよ、「企業価値を高める」ことに着手することで、従業員を成長させることになり、会社の利益が増え、売却価格が上がることになりますので、第５章『企業価値を高めるための５つの心得』以降をお読みになり、「理想の引退」のための準備を始めてください。

何もせず、「どのように引退するか？」を考えるだけのために時間を使ってしまうのは、とても勿体ないことになりますので、準備しながら考えましょう。

時間軸の決め方

「引き継ぎ相手」に記された①〜⑪（⑨⑩除く）のポイントに、時間を入れて見てください。

④と⑦の「引継ぎ易い会社にするためにどれ

くらいの時間」については、
・後継社長および右腕の育成と同時に行う
・後継社長の不足している「半分（50％）の（仕事）力」の育成と「企業価値を高める」行動を同時に行う

などによって、短縮できる時間もあると思いますので、それを踏まえて設定してみてください。

それで、今から進めて、「いつ引退できるか？」が見えてくるはずです。場合によっては「少し早すぎるかな？」と思うかもしれません。その場合は、それで良いのです。予定した通りに、事が進むとは限りませんし、不足分である「半分（50％）の（仕事）力」が減っていく（達成率が上がる）ことについては、まったく問題はありませんので。

大切なことは、「期限（時間）」という「目標」を持つことによって事が進む、つまり「理想の引退」の日に近づくことができることです。

「最後の日」を自分で決められる喜び

サラリーマンには誰かに決められた「引退日（定年退職日）」があります。これは自身が決めた日ではないので、定年前には「あと○年、もしくは○○日なので、我慢しよう」と思うこともあるでしょう。

しかし、皆さまの「引退日」は自分で決めた「目標」です。皆さまの意志に関係なく、誰かが決めたものではありません。ですから、決して「我慢」ではなく、目標に向かって今まで以上に有意義な時間を、時には「忍耐」と一緒に過ごして行くことができるのです。

サラリーマンには、自分の意志に関係なく決められた、

「定年退職」と「退職金」がありますが、

皆さまには、いまから、

「皆さまが創ることができる未来」

があるのです。これは経営者の皆さまにしかできない素晴らしいことです。誰にも縛られず、自分の最後の日を決め、自分の生き方を決め、未来を決めることができるのですから。

さあ、ゴールを決めたら、ここからがスタートです。

決めたゴールに目標通りに辿り着くために

どのようにして、計画を進めて行くかについては、次章以降で、各々説明をさせていただきますが、この計画を、どのように進捗管理し、決めたゴールに目標通りに辿り着くことができるか、ということをお話しすることにします。

「理想の引退計画」を創り上げた以上、これに向かって行動をしなければ何も進捗はしません。会社の仕事であれば、皆さまが直接手を動かさずとも、他の取締役・従業員がこなしてくれる、対応してくれることがほとんどであると思います。そして、組織においては、組織の長

（部長、課長など）がいて、仕事が進んでいるかどうかの進捗管理をする役割の人もいます。

しかし残念ながら、皆さまの「理想の引退計画」の進捗管理をしてくれる人はいません。唯一、伝えることができる人物は承継者候補かもしれませんが、候補段階ではなく、承継者と決めてからのほうが良いでしょう。

・計画は、あなたが創る
・実行は、あなたが担当
・進捗管理する人はいない

という状況での作業、つまりたった一人で進める作業になります。

この本を手に取っていただく前も、今も、その状況は変わっていないはずです。とは言え、この本を読んでいただいた後であれば、考え方とやり方はご理解いただけるはずです。

つまり、「やる」か、「やらない」か、そして、「やり続けることができる」かということです。さきほど、ご自身の未来をご自身の手で創ることができる、とお話ししました。どんな未来にするのかは、あなた次第です。

これまでと同じ環境・心構えでは、この本を手に取っていただく前の状況になってしまうのではないかと、少しだけ心配をしております。


そこで、一つ提案をさせてください。

計画に名前をつける、自分のためでは辿り着けない〜誓い

「これからの私は大丈夫だ、計画を創って、その通りに進める！」と自信を持って進められるのであれば、心配はしません。経営者ですから「三日坊主」ということもないと思います。

提案とは、これまでは、この計画のことを「理想の引退計画」と呼ばせていただきましたが、これからは、

「〇〇のための引退計画」

と名付けていただきたいのです。

「自分のために〇〇する」ということであれば、自分が我慢すれば良いから、もう止めてしまおう、と考えることができますが、「〇〇のために〇〇する」ということであれば、止めてしまったら、

「〇〇」がつらい思いをする

「〇〇」の夢を消してしまうことになってしまう

「だから、投げ出さずに、頑張ろう！」と思っていただくことで、この計画を全うしていただきたいのです。

この「〇〇のため」というのは、「愛する人」「家族」「従業員」など、あなたが最も大切にしている人（モノ、コト）のためであればあるほど、想いは強くなるはずです。ここで「1億円を得るため」などとすると、もうお金は要らないから止めた、ということに成りかねません

ので、お金などを計画名の前につけるとするならば、

「〇〇（人）に〇〇（コト、モノ）をするために1億円以上で売却する引退計画」

など、お金を使う目的を明確に、かつ、誰かのために、が入っていると良いでしょう。

「ずっと支えてくれた〇〇（奥さま）に安心した心豊かな暮らしをさせるための引退計画」

「〇〇（奥様）と二人で小料理屋をするための引退計画」など、
あなたの本当の想い、願いなどを含めてこの計画に名前を付け、今から走り出してください。

ゴールでは、その大切な人が笑顔で迎えてくれるはずです。


ここに「引退計画」の名前を付け、それを実現することを大切な人のために誓ってください。

「　　　　　　　　」との誓い

私は、この「　　　　　　　　」のための引退計画を
「　　　」年までに、必ず、成し遂げることを約束する

年　月　日

氏名

第5章

企業価値を高めるための5つの心得

1. こぼれない器創り～売上を増やさなくとも利益は増える

「企業価値を高める」とは、大まかに言えば、

① 利益を今より多くする

② 資産（の評価額）を今より多くする

③ 従業員を今より成長させる

という3つのことを実行することです。

この中の①と②を実現するだけでなく、③も同時に実現させる「こぼれない器創り」。これは、私の「造語」で、これまでに業績改善・企業再生を行った企業で導入してきた私独自の仕組み創り（と考え方・意識改革）です。

簡単に言うと、どんなに売上を上げたとしても「ざる」のように原価や経費をこぼしていて（使っていて）は、お金は残らないので「無駄なお金」がこぼれないような会社の仕組み（と考え方）を創り、売上が上がったら、売上が上がっただけの利益が、それ以上の利益が生まれるような会社（企業体質）に変革し、そこで生み出された利益を有効利用し、「企業価値を高める」という仕組みのことです。

ここで「無駄なお金」と書くと、ほとんどの経営者の皆さまから「うちの会社は原価も経費

も目一杯切り詰めている。それでも利益がでないのだ！」という答えが返ってきますが、私のこれまでの経験では、そのような会社に限って少し見る目、考え方を変えただけで、大きな成果を出しています。

それは、なぜでしょうか？

これまでにいくつもの企業の業績（利益）を大幅に改善してきておりますが、一度も、

「電気を消せ！」

「コピーは裏紙を使え！」

などと言ったことはありませんし、

「一人の従業員さえも」

辞めていただいたこともありません。それでも大幅に業績（利益）が改善しています。

「プロ経営者」と呼ばれる人の中には「コストカッター」と呼ばれる人がいます。ただ、ここでは、従業員のやる気をなくさせるような「コストカッター」になってほしい、と言うつもりはありません。単純に、皆さまの会社の「無駄なお金」を見つけ出し、それを無くしましょう。それも、皆さまの従業員の意識（ヤル気）が低下せず、反対に従業員の意識が高まる形で。

今より利益が出ることが悪い、という経営者は一人もいないはずです。そして、これに取り組むことは会社を売却しようが、引き継ごうが同じように価値があることと考えています。

では、それをどうやったらできるのか、ということをこれからお話しさせていただきます。

売上を増やさなくとも利益は増える

ここでは、売上を上げるなどという「相手の判断（買う、買わない）」で決められる行動によって利益を増やす、ということを一旦忘れてください。

なぜならば、売上を10％増やそうと思えば、売る商品の数を10％増やす（誰かに売る）か、単価を10％上げるか、二つの合わせ技かになります。通常は、売上数を10％増やすより、単価を10％上げるほうが容易と考えられるため、どのように単価を10％上げるか？という「相手」との価格交渉や既存顧客への商材の追加、その追加のための商品開発などを行うということになります。とは言え、これが容易ではないということを皆さまは身に染みて経験されているはずです。ですから、このようなこと（単価UP、客単価UP）に関する多くの書籍が出版され、コンサルタントと呼ばれる人たちがこのようなテーマについて語っているのでしょう。

しかしながら、私がここでお伝えしたいのは、まずは、

「自分でコントロールできる範囲の行動」

から手を付けましょう、ということです。自分で出来ることであれば、相手には関係ないので、やったらやっただけの結果が出てくるはずですし、言い訳の必要ありません。やるか、やらないかだけです。

どんなに売上が上がっても、利益を残せない会社があります。売上を上げることは上手でも、利益を残すことが上手ではない社長をたくさん見てきました。

私は経営するうえで、ほとんど売上げは気にしません。というか、まずは、出来る限り多くの利益を残すために、どのようにすれば良いかを考え、その形が出来上がった段階で、場合によっては、並行して売上を上げることに目を向けます。なぜならば、先ほどのお話の通り、どんなに売上が上がったとしても、利益（現金）が残らなければ、会社の経営は成り立たないからです。そのために「こぼれない器創り」を先に進めるのです。

会社のお金の使い方

大切なことは、経営者・従業員全員が「会社のお金」を「自分の財布から出るお金」と同じように考えて使う、ということです。では、一つの例をご紹介しましょう。

ある会社に招請され、初めての私主催の会議でプロジェクターを利用することになり、その時に利用するポインターを準備していたら、電池切れで使えなくなっていました。そこで従業員に3日後までに単四電池を2個用意するようにお願いしました。すると、お願いした数時間後にその従業員が「買ってきました！」と笑顔で電池を渡してくれました。「ありがとう」とは言ってはみたものの「どこで買ったのだろう？」と領収証を見てみると近くのコンビニエンスストアで購入したようで2個で240円（1個120円）と書かれていました。彼は少しでも早くという想いからかコンビニエンスストアで購入したのかもしれませんが、同社では事務用品の宅配業者とも契約しており、そこに頼めば翌日着で4個で200円（1個50円）前後で買えることは知っていました。さらに、100円ショップに行けば高くても2個で100円、安ければ4個で100円（1個25円）で買えることも知っていました。

ここでの必要経費の差は、単四電池2個で安くて100／4＊2＝50円高くて240円です。

240－50＝190円、4．8倍の差があります。

そこで、どうして3日後までに準備すれば良い電池を今日買ってきたのかを知りたく、彼に訊いてみました。すると、

「先ほどコンビニに行く用事があったので、ついでに買ってきました」

と笑顔で答えてくれました。ついつい私は訊いてしまいました。

「〇〇さん、もし自分が家で使う単四電池が2個必要になったら、どうしますか？」

「まずは、家に無いか探して、無ければ100円ショップで買います」

ここでも笑顔で。

お分かりになりましたでしょうか？

彼には全く悪気はないのです。では、なぜ、彼がそのような行動を取ったかといえば、従業員がそのようなお金の使い方をすることを会社が認めてしまっているからです。それが、その

会社の「普通」だから、お金が残らないのです。良くない「普通」が蔓延し、「無意識のうちにお金をこぼす会社」にしてしまっているのです。

50円と240円では190円の差ですが、これが他の高額な購買でも行われていたら、と考えたらぞっとしませんか？「190円くらい」、「それくらい」、「そのくらい」という「甘えた無責任の積み重ね」が会社の利益をこぼし（垂れ流し）始めるのです。

そして、この話には「落ち」がありました。同社では購買課という部門があり、その倉庫には単四電池が100個以上山積みにされていたのです。

家で必要であれば、「まずは、探す」。

会社で必要であれば、「ついでに買ってくる」、しかも、「値段も見ずに」。

このような意識を改めることから、「こぼれない器創り」はスタートします。

こぼれない器創りとは？

勘違いをされないように説明させていただきますが、

「こぼれない器創り」は、決して「節約」とか「コストカット」を目的としているのではなく、従業員の「会社のお金」を「使う時の考え方を見直す、意識を変える」ことで、これまで「無意識」「無責任」または「安易な考え」で使われていた経費をなくし、そこから得られたお金を「人材」に投資することで、成長させ「人財」とし、結果、組織までもが成長し、投資した以上に企業価値を高めるという仕組みです。

ですから、ここで得られたお金は税金の支払いや内部留保に回すのではなく、従業員に還元する、投資する、つまり「人財の育成」と「従業員への報酬」に使うのです。ただし、報酬とは給与・賞与という直接的な金銭だけではありませんのでご注意を。後ほどお話しします。

また、これを実施するに当たっては、当然のことながら、真っ先に、経営トップの皆さまが変わっていただくということは言うまでもありません。

「無駄なお金」とは？

本書での「無駄なお金」というお金は、

・「無意識」「無責任」または「安易な考え」で使われている経費

・「使った以上の利益につながらない経費」

という2つのお金であるということをお伝えし、次に進めて参ります。

どのように「無駄なお金」を見つけるか？

「あったほうが良いものは、要らない」と考え、

「今までは・・・」という考えを捨てることです。

この「今までは・・・」という言葉の裏にはたくさんの「無駄なお金」が隠されています。現

在の仕入れ先の価格は、本当に適当なのか？　などと疑ってみてください。

そして、お客様に提供するものと、会社内で従業員が利用するものが同じという無駄もあります。例えば、結婚式場で提供するトイレットペーパー、ティッシュ、利用するグラスはお客様の期待を超えるような高品質なものであっても良いでしょう。ですが、裏方の従業員の事務所、トイレで利用する物については、そのような高品質である必要はないはずです。

他に「無駄なお金」はないか？

ありません。もっともっと利益に大きな影響を与えるもの。

それは、「時間」です。

例えば、会議の参加者（人数）とその所要時間について。

特に、会社幹部が参加する会議の人件費（労務費）は激しく大きな経費になることをご存じでしょうか？

部長会議というものを2時間開催した場合、会社はいくらの「お金」を使ったことになるかを知っていますか？

参加者は営業部長、製造部長、総務経理部長、企画部長の４名と社長とします。

例えば、４名の幹部の月給が50万円（社会保険等の負担と賞与を含めれば20％を乗せて60万円）、社長が１００万円（社会保険等の負担を含めて15％を乗せて１１５万円）、年間52週、週

40時間勤務とすると、月の労働時間は173時間となります。
60万円×4名+115万円×1名=355万円
355万円／173時間×2時間≒①4100円
ここに各部の課長または従業員を同席させると、月給が35万円（同上42万円）として、
42万円×4名／173時間×2時間≒②1900円
①4100円+②19000円=③6000円
が、この9名が参加する2時間の会議に必要な会社経費です。

これだけでは終わりません。この2時間の間、1+4+4=9名は他の仕事ができません。

つまり、「会社の外からお金をいただく（利益を生む）」ために行う、
・お客様との接触
・現場を動かすため、現場の問題を解決するための管理職業務
ができないということになります。
これは、遺失利益と言えるでしょう。
これを「お金」に置き換えるのであれば、当該月の売上総利益（粗利）／173時間で、時間当たりの粗利額が算出できますので、例えば、今月の売上目標が5000万円、売上総利益（粗利）目標額が1500万円（30%）とすれば、
15000000円／173時間≒86700円

２時間で、８６７００×２≒④１７３４００円（２時間分の会社の粗利）

ここには、営業部長と営業課長が参加しているので、例えば、営業活動の１／４ができない。つまり遺失利益であるとすれば、

④１７３４００円／４≒⑤４４０００円

③６０００００円（会議２時間）＋⑤４４０００円（利益を生み出せない２時間）≒⑥１０４００００円のお金を使っている会議

ということになります。

もしも、営業会議と称し、営業部門の全従業員が会議をしていたら、２時間で１７３４００円の利益を失いながら、さらに２時間分の労務費を使いながら会議をしているということになります。

ですから、この部長会議に必要な⑥１０４００００円以上の利益（売上ではありません）を「取り戻すだけの行動」が「会議の後」に行われれば、この会議には価値はあると考えるべきです。

このような「無駄な経費」をこぼす（垂れ流す）会議が、各部門主催でいくつも行われていたとしたら、「会社の外からお金をいただく（利益を生む）」ための行動が制限され、時間外労働（経費）までも増えてしまいます。

その上、会議まで問題を報告しないという悪い癖がつき、本来、日々解決すべき内容（クレ

ーム対応、見積り提出など）が会議開催日まで対応されず、取り返しのつかない問題に発展する可能性があります。冗談で言うことがあるのですが、寝かしておいて良くなるのはワインだけ、という話をすることがあります。

また、皆さま（社長）主催の会議に同じ部門から役職の異なる2名以上を参加させる場合、役位の下の従業員にとっては、少なくとも2人の上司がその場にいることになります。そこで、2人の判断基準が同じであれば良いのですが、これが異なっていたらどうなるでしょう？

その従業員は、誰の指示を聞けば良いか？と悩むでしょう。そして、最も役位の高い人の指示に従うのがサラリーマンの性ですので、中間位にいる上司への信頼感は無くなりますし、中間位にいる上司は仕事がやり難くなります。

ここまでお話ししても、

「会議は重要な仕事だ！」

とおっしゃられる経営者もいるかと思いますが、決して勘違いしていただきたくないことは、「会議は仕事ではなく」て、会議で決めたことを、「会議の後に実行することが仕事」であり、会議でいくら皆さまが想いを伝えたとしても、それが参加者の行動につながらなければ、大きな経費をかけて皆さま（社長）が話をしただけ、で終わるのです。

場合によっては、逆効果にもなります。社長が可愛い従業員たちとお話をしたい、伝えたい、というお気持ちは十分理解できますが、このようなことを意識していただくことも「こぼれない器創り」には大切なことですので、少々の忍耐をお願いします。この忍耐が「理想の引退」の日を迎えさせてくれるのですから。

会議の方法については、いくつもの参考書類が発行されておりますので、お読みになられる価値はあると思いますが、何よりも「時間」は「最も高い経費（お金）」であり、そのお金の額に見合わぬ会議（使った以上の利益につながらない会議）は、開催する必要がない「無駄なお金」であり、そこに使った「時間」は決して「戻ってこない」と考えるようにしてください。

そして、会議の開催方法（参加者、内容、頻度）によっては、会社組織に悪い影響を与えることがある、ということも同時に認識しておいてください。

「今までは・・・」を捨てる

とても簡単なことですが、年に一度は現在の取引先に他の2社を含めた3社相見積りを実施するというようなこともその1つです。私はいつも「3社見積り2社購買」を購買のルールとしています。これで不正が起きやすいと言われる購買部門担当の「業者との癒着」なども未然に防ぐことができます。

この「今までは・・・」の裏には「何も考えたことがない」「変えるのが面倒だ」などという「無責任」と「安易な考え」が隠されているのです。

ここで、大切なことは「今までは・・・」という言葉を使わない、使わせない、ということです。

次章でもお話しさせていただきますが、一言で言えば、

「他人（会社の外）の財布より、自分（会社）の財布を大切にせよ」

ということです。

管理部門（事務部門、バックオフィス）が利益を生む

A社は売上5億円で5千万円の営業利益を生んでおり、
Bは売上10億円で5千万円の営業利益を生んでいるとします。

「あなたはどちらの社長になりたいですか？」

「それはなぜですか？」

私は迷わず、Aを選びます。なぜならば、
・従業員が長く働かなくても良いから（Bの従業員は、Aの従業員の2倍働いているはず）
・経理にも負担がかからないから（5億円の経費処理と10億円の経費処理では、2倍以上の負担がかかるし、その分、間違え易い）
・数を売れば売るだけ、「売る」、「作る」、そして「仕入れる」という目先の単純な経験は増えるが、【利益を増やすために考える】、【知恵を身に付ける】という将来を創造するための経験をすることができないから
・そして、何より、「社長が疲れなくて良い」から

です。

単純に考えれば、B社はA社と同じ利益を生み出すために、A社の2倍以上働いている、ということになります。

では、「利益を生む」ということについてのお話しに移りましょう。

ここからが、「こぼれない器創り」が「企業価値を高める」と言われる理由の一つです。

経費の削減の効果は、

経費削減額／営業利益率＝同じ営業利益を生み出すために必要な売上額を上げることと同じ価値があると言えます。

ということは、A社の購買担当が1億円の仕入れを9500万円に減らす、つまり500万円の利益を残したということは、営業担当が500万円／10％＝5千万円の売上を上げた、と同じ価値があるのです。

B社が「500万円の経費を削減」すると、500万円／5％＝「1億円の売上を上げた」のと同じ価値があるのです。

言い換えれば、B社の「経費削減金額」は「その20倍の売上と同じ価値」があるということです。

この実践方法についても、次章にてお話ししますが、注目する点は、結果を出すために「相手」に営業活動をしなくとも、自らが、やるか、やらないかで「結果」が得られるということです。

やってみる価値があるとは思いませんか？

前述以外の戦略的な「お金」の管理・活用方法についても、次章にてお話しさせていただきますが「こぼれない器創り」の基本的な考え方は、ここまででご理解いただけたと思います。

少し見方を変えてお話しさせていただくとすれば、営業利益率が10％の会社において、1万円の利益を生むためには、10万円の売上が必要であり、それを売上げるために、その商品またはサービスを作る人が必要です。

利益の10倍（1／10％）の売上が必要です。ということは、「無駄なお金」を見つけることは、売上の10倍の効果があるということですので、これを管理部門（事務職など）に伝えることで、今まで直接的に利益に関係ないと考えていた部門の従業員においても会社利益に貢献することができることを認識させ、目標を設定することができるようになります。

従業員の手を煩わせずに、皆さまにほんの少しだけ動いていただければ、大きな成果が得られるはずです。

実行すれば、必ず結果が出ます。

2．会社の価値を高める素敵な社長のお金の使い方
～従業員はあなたの真似をする

これは、経営者たった一人の意識と行動を変えることで、会社全体が変わるという、とてもシンプルであり価値のあることです。しかしながら、経営者の皆さまにとっては容易に受け入れがたいことであるとも考えておりますので、少々のご覚悟を持ってお読みください。

まずは、私が20代で経験し、今の私と私の思想を作るきっかけとなった2つのエピソードをお話しさせていただきます。

従業員はあなたの真似をする

この2つの会社で経験した「お金の使い方」の違いに大きな戸惑いを感じながらも、その使い方により、人の心・考え方が大きく変わり、会社組織も変わり、会社の将来をも変えるのである、ということを知りました。

会社をA社、B社とします。私は、とてもお酒を飲むのが好きですし、その場で上司、同僚、後輩と一緒に語り合ったり、馬鹿話をするのが大好きです。

A社の飲み会では、上席（自分より役職が上の人）と行った場合は、その上席にご馳走していただき、上席ではない先輩といった場合は、割り勘でした。上席の人は、いつも「会社名の

記載された領収証」を手にしていたことを覚えています。時には、上席同士が「今月は使いすぎてしまったので、あなたの部門で領収書を処理してほしい」などと、こそこそ話していたことも憶えています。

私は、上席（管理職）になると「飲み代」は「会社で負担」してくれるようになるのだ、とその時は勘違いをしていました。帰りは、タクシーチケットまでいただきました。バブルの影響もあったかもしれません。

一方、これも同じバブルの時期ですが、B社の飲み会では、上席と行った場合は、その上席にご馳走していただき、上席でない先輩といった場合も、多くの場合、先輩がご馳走してくれました。

大きな違いは、ここからです。B社に入社して初めての飲み会でした。結構な金額となった飲み会でしたが、一番の上席（最も役位の高い方、年齢や勤続年数は関係なし）が全てを支払ってくれました。しかしながら「領収証」は手にしていませんでした。

そして、これはタクシー代だ、と言って現金を渡されました。翌日、お礼のために、おつりとタクシーの領収証を上席のところに持って行くと「昨日は楽しかった」と言いながら、おつりだけを手に取り、「領収証は要らない」と言われました。

この上席はすごい人だな、と思っていたら、その次の飲み会でも、別の上席が同じように振舞ってくれました。

なぜ、こんなに偉い人なのに会社の経費を使わないのだろうと不思議に思いました。A社では経験したことのないことでしたので。

この時、どちらが「普通」なのだろう、とずっと考えていました。

そして、入社して3ヶ月が経った頃、どうしてもこの違いの理由が知りたくなり、直属の上司に聞いてみました。

「○○さん、なぜ？ 飲み代を全て○○さんが払うのですか？」

「だって、上席（先輩）だから」

「会社の経費にはならないのですか？」

「だって、自分と自分の部下（後輩）が仕事が終わってから、自分たちのために使ったお金だから、会社の経費にするのはおかしいでしょ。そう思わない？」

「はい！」

その時、心から嬉しかったのを覚えています。素晴らしい会社、良い会社に入社した、と。

当時の私にとっては、A社が「悪い」普通、B社が「普通」の普通なのだ、と感じていましたが、それから約30年、いろいろな会社を見るにつれ、残念ながら、A社が「普通」の普通、B社が「良い」普通であるのではないか？ とも感じるようになっております。

私は、B社の上席、先輩のお金の使い方に惚れて、それからずっと同じお金の使い方をするようになりました。それを自身のポリシーとして。そのおかげで、ほとんど貯えがないことは問題なのですが。

上席（先輩）の名前までは書くことができませんが、その方は、どんどん出世して行き、短い期間に役付取締役となり多くの部下（ファン）を率いB社の発展に大きく貢献され、役員定年となり退任されました。30年ほど経った今でもお付き合いがあります。

同じようなお金の使い方をしていた私も、どんどん部下（ファン）が増えて行き、いろいろな場面で他の部門の同僚、後輩に助けていただいたという記憶があります。当時は単なる憧れだけで真似をしていましたが、その真似が20代での人事管理職登用につながっていたのかもしれません。

素敵なお金の使い方

もう一つのエピソードは経営者、つまり「社長（トップ）のお金の使い方」です。

その会社では、毎年4月に新入社員の歓迎も含めて、100名以上で花見をしていました。花見と言っても、それだけの人数が一堂に集まるための花見の場所取りをするのは容易ではなく、前日からの準備が必要となる一大プロジェクトでした。その新入社員歓迎花見会が終わった後、会社がプロジェクトメンバーを労うために社長参加で10名ほど慰労会をすることになりました。

私がお酒好きであるとお話ししましたが、基本は赤ワインを飲みます。当時は、まだ飲み放題というスタイルは少なく、飲みたい物を個別にオーダーするというスタイルでした。この会の費用は「会社のお金」として処理されると思っていたプロジェクトのリーダーの私は、（生ビールよりもコストパフォーマンスの良い）瓶ビールと一番安い赤ワインをオーダーし、この慰労会をスタートさせました（この「会社のお金」なので「コストパフォーマンスの良い……」「一番安いワインをオーダー」することが当然、と考えるようになったのも、この会社のおかげです）。

すると、突然、社長が私を呼びました。

「もう少し良い（高い）ワインが飲みたいな、あなたはどうだ」

「あまり高いワインを頼んでも、皆が（味の違いが）分からないと、無駄なお金になるので」

「そうか、でも今日は皆に勉強をさせてやれ」と言われ、少々高いワインをオーダーしました。すると、再度呼ばれ「あなたの好きなワインを頼めば良い」と言われ、結構な値段のワインを頼みました。

「やっぱり、ワインは美味いなぁ」と社長は同じテーブルの従業員にワインの味の違いを楽しそうに話されていました。本当に、楽しそうに。

時間も時間となり、閉会の時を迎え、私がお勘定をレストランにお願いし、伝票が届くと、また社長が私を呼び寄せました。そして、そこで聞いた言葉に感動しました。

「これは使いすぎだな、私が払う。これで払っておけ！」

と社長個人のクレジットカードをレストランに渡したのを覚えています。決して忘れません。

「安ければ自分が払い、高ければ会社で払う」ということは見たことはありましたが、その真逆でした。

「こんな男になりたい！」「こんな経営者になりたい！」と決心した瞬間でした。

「そうか、でも今日は皆に勉強をさせてやれ」

「あなたの好きなワインを頼めば良い」

とおっしゃられた時には、既に自分でお支払いになられることを決めていたんだ、と気付き、帰り道において、再度その素敵な対応に感動したことを覚えています。

とても似たようなエピソードを、大手通信会社の有名な経営者の側近の人が、とても嬉しそうに話されるのをお聞きしたことがあります。

そんな経営者がいる会社で働いている、ということは従業員の誇りであり、喜びである、ということなのです。

まだまだ私が遭遇した「素敵な社長（上司）のお金の使い方」というエピソードはありますが、ここでエピソードは終わりにします。

いつも従業員に見られている

お伝えしたいのは、

「常に、従業員は見ている」

ということです。

どんなに「こぼれない器創り」と言って、従業員に「無駄なお金」を排除する考えを叩き込み、行動させたとしても、経営トップが「ざる」のように「会社のお金」をこぼして（使って）いたら、従業員は直ぐにその行動を止めてしまうことでしょう。それはそうです。

「どうせ、○○しても、社長が使ってしまうのだから」

「従業員に還元する。給与・賞与に反映させると言っていたけれど、その前に使われてしまうだけだよね」

と従業員が言い始め、すべてが水の泡になるのです。

税務調査が入って、「役員賞与」扱いにならなければ良い、という問題ではありません。そのお金の使い方次第で、従業員から皆さまへの信頼が厚くなったり、反対にその信頼を失い従業員の労働意欲をなくすのです。ここで、従業員が意欲をなくしたとしても、決して彼らが悪いわけではないのです。

「私は社長だ。この会社は私の会社だ。従業員は、私が食わせてやっているんだ！」と、もしかしたら思っていませんか？　そこを、

「社長（あなた）は、従業員に食わせてもらっている」

と考え、彼ら彼女らに感謝する気持ちを現してみてください。難しいことは分かっています。

ただ、実際に現場で、工場で、お客様の前で仕事をしてくれるのは彼ら彼女らなのですから。
こんな気持ちと日頃の対応が、従業員を成長させるためには、とても大切なことなのです。

「会社のお金」と「ポケットマネー」

では、どのように「会社のお金」と【ポケットマネー】を使い分けるか、そのポイントを参考のためにお話しさせていただきます。ここでは、税務上の考え方は完全に無視し、このような使い方をすると、従業員から皆さまへの信頼がさらに厚くなり、ファンが増えて「会社の価値が高まる」という提案です。

このように定義してみましょう。

①「会社のお金」は、会社の利益から支払われるお金「必要経費」
②【ポケットマネー】は、役員報酬としてあなたに支払われたお金、またはあなたの貯金から払われるお金

ここで、「必要経費」と書かせていただきました。これを具体的な言葉に変えると「会社の利益貢献に必要な経費」「会社の利益に直接つながる経費」と表現することができます。

前節の『こぼれない器創り』において、会議に関する費用と時間のことをお話しさせていただきました。そこでお伝えしたように、会議で利用される「人件費」と参加者の失われる活動時間による「遺失利益」を「合わせた会社のお金」を取り戻すだけの行動が会議の後に行われ

れば、この会議の価値はあると考えられ、その行動が起こるきっかけとなった会議に使われた会社のお金は「必要経費」と言えます。

もしも、これを取り戻すことができなければ、「無駄な経費」ですので「必要経費」とはなりません。つまり、その会議は、会社の利益貢献に必要な経費（時間）ではない、ということです。

もう少し、身近な話をしてみしましょう。

A．取引先（お客さま）との会食は「必要経費」

B．従業員の悩みを解決するための会食は「必要経費」

C．友人との会食は【ポケットマネー】

D．家族との食事は【ポケットマネー（当たり前ですが）】

ここまでは、よくある話です。

では、

E．仕入業者（あなたがお客様）との会食においては、どちらが支払いをしていますか？

ここから本題（在り方について）に入っていきます。

「決して、仕入業者に支払わせないようにしてください」

会食が必要であれば、【ポケットマネー】であなたが支払うか、可能であれば、

「会食自体を止めてください。会社内で素面（しらふ）で会うようにしてください」

なぜならば、皆さま（社長）が仕入業者との会食を行うと、購買担当が公平な正しい購買業務（仕入れ）ができなくなるからです。万が一、社長が仕入業者からご馳走してもらうと、「その業者に厳しい値段交渉ができなくなる」

「たとえ、あなたが正しく交渉したとしても、従業員から公平に交渉・比較した結果という評価を得られなくなる」のです。

そして、次第に、社長以外の従業員とも飲む機会が創られ、その結果、「架空発注、癒着」につながることがあるのです。

こんなことは容易に想像がつくはずですから、従業員が悪い道に入り込まないようにあなたが正しい見本を見せて、従業員を守ってあげてください。

ですから、私が関わる会社では、業者（仕入れ先も売り先も）との外部（双方の事務所以外）での接触は禁止し、飲んだら解雇、というルール設定までして、従業員を守ります。ついつい流されてしまう悪の道を閉ざして、悪いことをさせない、つまり、従業員を守るためにルールを創るのです。

こんなことを考えることも「こぼれない器創り」のためにもとても大切なことなのです。

ポケットマネーの威力

この節のテーマである『会社の価値を高める素敵な社長のお金の使い方』として、先ほど、

B．従業員の悩みを解決するための会食は「必要経費」を、

「従業員の悩みを解決するための会食は【ポケットマネー】」としていただきたいのです。効果をより大きくするために。

想像してみてください。

もしも、社長が従業員の悩みを知り、社長自らが時間を割いて、食事に誘い、いろいろな相談に乗ってくれた、ということでも従業員にとってはとても嬉しいことですが、さらに「自分のお金で払ってくれた」が合わさったら、その従業員はどう思うでしょう。

「私のために時間を使ってくれただけでなく、自分のお金で勘定を払ってくれた素敵な社長」と認められ、

「私も成長して、こんな素敵な社長（人物）になりたい！」

と思うはずです。先ほどお話しした、私が感動した瞬間です。

そして、ここで使うお金は大きな金額にはならないはずです。一人1万円としても、二人で2万円です。これで、その従業員の悩みを解決し、成長させることができたら、この2万円はとても価値あるお金になります。この従業員が「会社の価値を上げる一員」に加わってくれ、さらに言えば、社長を目標とするファンとなってくれるのですから。

また、研修費用という名目で経営セミナー、勉強会などに参加することがあると思います。

この費用についてはこのように考えてください。

① 事業（現業と新規事業）に直接関連する内容

② 新しい法律（民法、商法、税法など）を知るためのセミナー、勉強会は「必要経費」。

③ 事業に直接かかわらない社長の知識を増やすための研修

④ 社長の気分を楽にする（メンタルヘルス）研修

は【ポケットマネー】で払う。

ただし、③と④に従業員も参加させるのであれば、「必要経費（福利厚生費）」として支払っていただいても良いと考えます。なぜならば、平等に「会社のお金」を使っている、と従業員が認識するからです。さらに言えば、ここまで私たちに時間とお金を使ってくれる良い会社だ、と感じてくれるからです。

大切なことは、「従業員にどのように受け止められるか？」という視点で考えることです。

一人当たり5000円までなら会社のお金で、それを超えたら社長のお金で、という考え方もあります。

5000円で良いものを食べさせ、飲ませたのだから良いではないか、とおっしゃる経営者の皆さまもいるかと思いますが、ご馳走してもらった従業員が、こう受け止めていることがあるのです。

「社長は、いつもこんなに高いもの（一人5000円もするもの）を会社のお金で食べているのだ」と。

いろいろと、難しいですね。

ここまで、耳の痛い話を書かせていただきましたが、中小企業から大企業、上場企業において、すべて私が体験したことです。

参考にしてください、とは言いません。

「企業価値を高める」ために、是非とも実践してください。

3. 承継者と一緒に大まかな計画を作る

第1節、第2節では、少々耳の痛いお話をさせていただきましたので、ここからは未来に向かっての夢のある話をしたいと思います。

「大まかな計画を作る」、硬い言葉で表現すれば、「事業計画を作る」ということです。この作成の方法については、第7章で詳しく説明させていただきますので、ここでは、なぜこれが必要なのか？ということについてお話しさせていただきます。そして、なぜ承継者と一緒になのか？ということも併せてお話しすることにします。

事業計画で得たい3つのこと

まず承継者というのは、

・会社を引き継ぐ場合は、後継社長

・会社を売却する場合は、あなたが去った後に新しいオーナーの下であなたの代わりにあなたの仕事（役割）をする者（売却後の事業責任者）

です。

売却する場合、新しい社長は新しいオーナーの会社から派遣されるケースが多いのですが、直ぐにあなたのように会社を経営、運営することはできないので、「あなたの仕事（役割）の代わりができる誰か」をあなたの会社の中から見つけ出し、側近に置くはずです。

これからお話しする、この「大まかな計画を作る」ことで得たい結果は、次の3つです。

① 企業価値を高めて、外部からの信用が厚い会社にすること（高く売れるようにすること）

↓この過程で、承継者へ引き継ぎやすくもなります。

② 企業価値を高める作業を承継者と一緒に作成することで、スムーズに引き継げるようにするとともに、承継者の「継ぐ」という意志を強くし、覚悟させること

③ 売却時、売却後のあなたの従業員を守ること

3ヶ年の事業計画を作る

これまでに、1年間の計画（事業計画）を作成したことはあるでしょう。

主な数字（指標）としては、年間の売上、粗利、営業利益、経常利益（A）です。そこに、資金繰り表（B）と貸借対照表（C）、そして人員計画（D）を加えてください。できれば、これを3年間分作っていただきたいのです。

まずは、昨年度の実績を見てみましょう。AとCは税務申告書を作成した際の損益計算書と貸借対照表をご覧ください。

そして、Bを作成するために、

① 銀行からの借り入れ状況を一覧表にまとめ、月々の返済実績（元本と利息）を確認してください。

② 毎月の業者への支払額とお客様からの収入額を確認してください。

③ なぜ、②のような支払額と収入額になるのかを各取引先との契約書、そしてお客様との契約書の中の回収条件などから把握してください。

④ ②以外に発生する支払額と収入額を確認してください。

Dの人員計画は、月々の実績を並べ、なぜ、これだけの人員が必要か？を箇条書きに書き出してください。

これで、直近の実績は把握できるはずですので、これをベースとして、これまで（従来通り）のお考えにて、ご自身で1、2、3年後の計画を作成してみてください。これで準備が整います。詳しい説明は第7章第5節にて。

ここからは承継者と二人で将来の夢を語り合ってください。こうなりたい、こうしたい、という在るべき姿であり、「目標」です。

あなたには、あなたの想いがあるでしょう。そして、承継者には、承継者の想いがあるはずです。この部分を二人でじっくり話し合ってみてください。

全てを一度に話すことはできませんので、4回（2週間に一度で2ヶ月の時間をかけて）に分けて話をするのが良いでしょう。時には、お酒でも飲みながら。この4日間で、得たい結果の②がおおよそ手に入ることになります。

承継者と二人での価値ある4日間

【1日目】

・この会社は、どんな会社と言われたいか～企業理念（在り方）につながります
・この会社で、どんな地域の課題を解決したいか～ミッションにつながります
・1年後、4年後、7年後、10年後どうなっていたいか（売上、経常利益、従業員の数、支店の数など）～ビジョンにつながります

1日目は、この3つのことについて承継者と話し合っていただきたいのですが、皆さまにはこの日を迎えるまでに行っていただきたい「事前準備（予習）」があります。

それは、事前に、第7章『大まかな計画を作る』の第1節、第2節、第3節をご確認の上、事前準備を終えてから、この大切な4日間を迎えていただきたいのです。

特に、第7章第1節の『SDGs17のゴール、169のターゲットを視野に入れる』については、これからの皆さまの会社を地域社会に貢献しながら、持続可能なものとする（存続し続ける）ために必要であり、かつ、ビジネスチャンスにもつながることになりますので、初めてSDGsという言葉をお聞きになった人は、とても大切なことですので、必ず、この予習をし

てから、1日目に臨んでください。

さて、この1日目で大切なあなたの心得としては、あなたの一方的な意見を押し付けてはいけないということです。なぜなら、売るにしろ、引き継ぐにしろ、あなたが引退してから実行するのは、目の前で話している相手、承継者だからです。思い出してください。あなたの目標は「理想の引退」の日を迎えることです。残念ながら、この夢に向かう時、あなたはもういないのです。

ですから、話の進め方としては、あなたが承継者に訊くというスタイルを採ってください。承継者の発言を認めながら、その理由を訊くという流れが良いでしょう。ただし、この時点では決して「どのように（方法）」というところまでは訊いてはいけません。なぜなら、それを訊いた途端に、社長と従業員という関係に戻り、夢ではなく、現実の世界に戻ってしまうからです。また、決してそんなことは無理だ、という言葉を発しても、顔に出してもいけません。

そこで、あなたは気付かされるはずです。こんなにたくさんのことを考えていたのだ、ということを。それはそうです、あなたがこれまで育ててきた従業員のなかで最も「デキる」従業員なのですから。このお二人の会話によって、売却を予定していた経営者が気変わりし、売却することを止めて、従業員に引き継ぐという方向性に変わることもあるはずです。

それが終わったら、あなたの出番です。

まずは、先ほどお話しした「宿題」を承継者に披露してください。それは、あなたが思う、

・どんな会社と言われたいか（理念、在り方）
・この会社で、どんな地域の課題を解決したいか（ミッション）

です。そして、同時に、なぜ、理念やミッションがSDGsに紐づいているかという理由も説明していただければベストです。

この話をすると承継者は少し戸惑ってしまうかもしれませんが、ここはあなたの想いを伝える、ということで終え、先に聞いた承継者の夢物語を、あなた（経営者としての先輩）からどうすればその夢が目標となり実現できるのか？　ということを伝えてあげてください。これまでの経験を踏まえて。

とは言え、そんなに簡単なことではないと思っています。承継者は経営ができるまでの知識と経験がないのですから。だから、そこを埋めるように話をしてあげてください。1から10までの全てを話す必要はありませんが、ヒントは十分に伝えてください。伝えるべきは、「1から10」ではなく、「0から1」です。

ここまでが終わったら、第1回の打ち合わせを終わりにし、宿題を出してください。

〈1日目の宿題〉

今日の話を実現するために、

A．何が足りないか
B．何が他社より勝っているか

C．理念とミッションとビジョンはこれで良いか

この3つを次の打ち合わせまでに書き出すこと。これは私から「お二人」への宿題です。特に、あなたは、承継者が夢のように語った内容をどうしたら実現できるか、目標とすることができるか、という想いで「久し振りの宿題」を楽しんでみてください。

【2日目】

ここでも、あなたが承継者に訊くというスタイルを採ってください。そして、承継者が持ってきた宿題について話し合ってください。すると、あなたと承継者の物事の捉え方について大きな違いがあることが分かるはずです。足りないものについての考え方が違う、強みと考えていることが違う、など。

ここを二人でじっくり話し合い、「共通認識を得ること」をこの日のゴールとしてください。

（2日目の宿題）

そして、大切な宿題です。

足りないものが分かると必要な資源（ヒト、モノ、技術、お金、時間、情報、ネットワーク）が見えてきますので、再度、夢を実現するための計画を作成してみてください。1年、4年、7年、10年という期間で。ここからの実際の計画の作り方については、第7章でお話しをさせていただきます。

この日の夜には、一緒に会食をするのが良いでしょう。

承継者は一生懸命考えたのです。それに対して、あなたはできるだけ聞き入れ、現実のものにするように自分を抑えながらもアドバイスをしていただいたはずです。

お二人とも、お疲れのはずですので、少々のお酒でも飲みながら、さらなる承継者の想いや不安を聞いてみてください。

「○○くんを○○まで育てるには、○年かかるなあ」

「○○すると、良いかもしれない」

など、話が尽きることがないでしょう。

【3日目】

この日は承継者が作成した計画をあなたが確認し、二人が合意した計画を作ることがゴールです。

ここでの計画は年間の売上、粗利、営業利益、人員計画までで構いません。可能であれば、この3回目からは、経理の責任者を同席させてください。その理由は、お二人の夢の達成のための金勘定をしていただきたいからです。

（3日目の宿題：最後の大切な宿題です）

ここまでで、承継者はあなたのことを十分理解し、自己承認欲求も十分に満たされ、責任感も強くなったはずです。

A．承継者には、1年、4年、7年、10年後の具体策を

B．そして、あなたは「理想の引退」の日を決めることです

【4日目】

最終日のゴールは、このような言葉になることです。

「これでやってみよう！」

「ここまでは二人で一緒にやり、ここからはあなたに任せよう」

そして、承継者に任せた後、必要な期間は会社にいてあげてください。

そこでは、いろいろな問題が発生します。仕事以外についても。

そして、それをあなたが黒子として支え、70点を付けられるようになったら、引退しても良い状態になっているはずです。

今から、早ければ2年後には引退式を目指すことができるのではないでしょうか？

ここまでで、前述の「得たい結果」の②を得ることができます。

最後の仕上げ

そして、この出来上がった計画をお二人以外が見ても分かるように仕上げることが机上での

最後のお仕事となります。あなたが引退するために創る「引退（卒業）論文」です。

これは前述の「得たい結果」の①と③を得るのためです。

お二人だけがこの計画を知っていても、他の従業員、そして外部の方々（金融機関や売却先）に説明することができなければ、従業員も動けませんし、外部からの信頼を厚くすることはできません。

この計画を金融機関に説明することができれば、資金調達も今より容易になってくるでしょう。もしも、会計・税務面でお二人が分からない、作れないところは、経理部員に作らせてください。

また、この計画は完璧でなくとも、その計画（ストーリー）に実現性があると思われる内容であれば、それで十分です。特に、金融機関に対しては、ＥＳＧ投資とも言われるように、環境・社会・ガバナンスを企業価値の尺度として見るようにもなってきており、お話ししたＳＤＧｓにどのように取り組んでいるかということも評価の対象になってくるはずですので、是非とも、これを視野に入れ、分かり易く表現してください。そうすれば、きっと、良い評価を得られるはずです。

そして、あなたの会社に承継者がいるということだけでも、資金調達可能金額が大きくなったり、条件が良くなることもあります。あなたと承継者が一緒に金融機関で説明をすれば、さらにその可能性はさらに大きくなるはずです。

そして、③の「あなたの会社の社員を守る」ために、承継者と一緒に作った計画を他の従業員にも伝えてください。

もし、従業員が何も計画を知らない、目標も無い従業員であると新しいオーナーが判断したら、今いるあなたの会社の従業員のことをどう思うでしょうか？

売却時の契約には現在の従業員を引き継ぐ、と謳われていても一年も経たずに入れ替える、退職に追い込む、解雇する、という判断になっても何ら不思議はありません。そうならないためにも、残された者たちがその計画を知り、実行する術を知り、その計画を達成することが、どれだけの価値があるかを記録しておくのです。そして、「組織図」を名前入りで作成しておくのです。この従業員らが必要であると思ってもらうための確証を残しておいてください。これで、皆を守ることができるとは言い切れませんが、あるのとないのでは大違いですので、できることはすべてやっておきましょう。

念のために申し上げますが、この一連の流れは、「売却」する場合に限ったことではありません。これを実行することにより、「企業価値が高まる」だけではなく、承継者に「より引き継ぎやすくなる」ということになりますので、どちらの選択をするかにかかわらず、実践してください。

4.「理想の引退」をするための「理想の組織」を作る

いきなり「理想」という言葉を２つ並べましたが、私が考える「理想」とは夢とか、そうなったらいいな、ということではなく、「最も価値のある目標」ということであり、必ず、皆さまが「辿り着くことができる目標」であると考えています。そして、そこに辿り着くこと、辿り着けるようなお手伝いをすることが、この本の役割であり、価値であると考えております。

この「理想の組織」を創り上げるために必要なことは大きく分けて３つです。

・従業員を大切に育てる
・従業員を正しく評価する
・そして、成長させ続ける

この積み重ねが「理想の組織」となって行くのです。

従業員を大切に育てる

まずは最初に大切な心得を。

① 従業員は私が食わせている
② 私は従業員に食わせてもらっている

さて、「あなたの本当の気持ち」は、どちらでしょうか？

正解はありません。しかし、どちらが「企業価値を高める」ために良い心得か、と訊かれれば、②になるはずです。

では、「大切に育てる」ということについてお話しさせていただきます。

「大切に」という言葉は、人によって解釈が異なります。皆さまに読み進めていただく前に、この解釈を著者と同じにしていただきたく、ここから話を進めさせていただくことにします。

「大切にする」という間違った解釈

① 叱らない
② 甘やかす
③ 多くの仕事を与えない
④ 残業をさせない

では、ありません。

1つずつ説明させていただきます。

叱らないことは、成長させないということ

ご存じだとは思いますが、「叱る」と「怒る」は違います。

ただ、残念ながら、私の経験上、ほとんどの場面で、経営者の皆さまは怒っているように見えます。ということは、相手があなたは怒っている、つまり、感情をぶつけてきている、と感じてしまっているはずです。

「怒る」とは、感情的に熱くなって自分に言葉をぶつけてきている、と「相手が受け止めている状態」のことです。

いろいろな人が、いろいろな説明をしていますが、大切なことは発信側の気持ちや言い方ではなく、「相手がどのように受け止めたか？」で全てが決まる、ということです。「怒られている」のか「叱られている」のか？

そして、「叱られている」という状況は、「私のことを思って、話をしてくれている、アドバイスをしてくれている」と「相手が受け止めている状態」のことなのです。

では、どのようにして「叱る」と、相手に意図が伝わりやすくなるかをお話しさせていただきます。

まず、叱る前には、

・自分が怒っていないか？　を確認する（感情的になっていないかということ）
・叱る内容を書き出す（これは、人に物事を伝えるときの基本中の基本であり、話の内容が整理できるだけでなく、落ち着くこともできます）
・書き出す上で、大切なことを２つ挙げます

(1) 叱る必要のある「行動」だけを書き出す↓人物・人格否定は決してしない
(2) 他人（他の従業員など）と比較は決して書かない（しない）

叱る時には、相手はその場に呼ばれただけで緊張をしている、平常心ではないはずなので、そこは察して、いきなり「行動」を叱るというのではなく、雑談などから入るようにしてください（アイスブレイクとも言います）。そして、その効果を高めるためには、

「〇〇さんが将来、困らないように、そして、成長できるようアドバイスをしたいのですが」

と言って、相手が、「はい」と答えてから、叱るべき「行動」を叱り始めてください。

「　」内の言葉をそのまま使うのは、場面・これまでの関係・社内の風土で使いづらいかもしれませんが、ポイントを押さえておいてください。

重要なのは、叱られる相手が、

「皆さまが私のことを考えて、私を良くする（成長させる、成功させる、楽にする、幸せにする）ために、アドバイスをしてくれているのだ」

と受け止めてもらうことです。

そこで、叱る時の5つのポイントをお伝えします。

・いくら人格は否定されないといっても、悪いことばかり言われ続けたら、人の心はだんだん病んでしまいますので、1つ叱ったら、1つ以上褒める、を基本にしてください。

万が一、褒める行動が見つからないとしたら、あなたが従業員のことを知らなさすぎる

ので、第8章第1節の「小さな成長（行動）を褒める」を実践し、褒める行動を見つけてから、チャレンジしください。

・決して、○○さん（部長などの他人）【が】、という話し方はしないこと。

例えば「社長【が】○○というので、○○○」という言い方です。

これは、「私は、そう思っていないけれど、社長がそう言うので私が伝えている」という風に、聞き手にとってはあなたが嫌われ者にならないための言い訳をしているようにしか思われません。

俗に言う、保身を感じさせるような発言は一切禁止です。

・締めくくりの前には、必ず、「すべき行動」を一緒に考え、その行動が出来るようにしてください。

・そして、「これで、出来ますか？」と訊いてください↓「分かりましたか？」は×です。

その理由は、第8章にてお話しさせていただきます。

・最後の締めくくりには、「いろいろ聞いてくれて、ありがとう」「期待しています」、感謝と期待を伝えます。

最初のうちは、手間かもしれませんが、このように相手がどう感じるか、受け止めるかを考えることが「大切にする」という具体的な行動の一つです。

甘やかせば、大切な人がダメになる

これは、とても抽象的な言葉で、書き出すと止まらなくなるので、文章で細かく書くよりも、あなたの経験を思い出していただくことにします。

「あなたは、お子様に厳しい親ですか？」それとも、

「甘い親ですか？」

まずは、

「これくらいのことは、叱らないでおこう」

と黙認することが、甘やかすことの始まりです。

その「これくらい」の中には、「他人に迷惑がかからない」のだからとか、「自分が我慢すればよい」のだから、と自分の心に閉まってしまった経験はありませんか？

この「自分が我慢すればよい」も「甘やかす」こと、と言ってもよいでしょう。

「親」は「子」のしたことを我慢できても、「他人」は「（あなたの）子」のしたことを我慢できません。

私にも同じような経験があります。その結果、「社会という場」で恥をかかせてしまいました。これは、全て「親」が甘やかした結果です。

ですから、「甘やかす」ことは「大切にする」ことには、決してならないのです。

会社での具体的な行動として挙げるとすれば、

A．悪い行動や変えなければならない行動を「すぐに叱らない」というあなたの行動で「相手はそれで良い」と勘違いをします。
つまり、楽な行動を認める、「甘やかす」ことです。成長を止めていますし、外に出て、恥をかくこともあります。

↓見つけたら、気付いたら「すぐに叱ってあげてください」
B．自分のしたくないことに理由をつけて、しなくてよい方向に持って行っていることを認める（屁理屈を認める）。これも成長を止めています。
↓したくなくても、やらなければならない必要なことがあることを分かるまで説明してください
C．自分のミスを他の責任にする発言を受け入れる（他責を認める）。このような人はたくさんいますが、このような人は決して（他）人から好かれるようにはなりません。人としての成長を止めています
↓ミスをしたことは悪いこと、報告しにきたことは良いことと評価し、これから同じミスをしないようにする行動を一緒に考えてあげてください
D．しなければならないことを済ませずに帰宅する、もしくは、好きなこと、簡単なことだけをして、すべき仕事を放置する（責任放棄）。
↓論外ですが、これは、その重要性を伝えていない「あなたに責任がある」と考えてく

ださい。

伝え方については、第8章にてお話しさせていただきます

仕事が多い、少ないという判断基準

もしも、私が「多くの仕事を与えない」と皆さまから聞いたとしたら、それはなぜ？　従業員の育成を放棄するのですか？　と訊き返します。

必要な仕事はどんどん与えてください。できれば、実力＋αの仕事を。それが、本人の成長につながるのですから。

と、ハッキリ言い切りたいのですが、その前に、与え方に問題がないか？　と言うことと、「多くの仕事」という言葉の意味をここで整理してみましょう。

「多くの仕事」と言っても、簡単な仕事はいくら多くても時間はかかりません。ただし、あなたが簡単だと思っても「相手がその仕事の内容をどのような難易度で捉えているか、実際に処理できるか？」ということを知らなければ、多いか少ないかという話にはなりません。

ここでは、多くの仕事を与えるのは良いが、そのやり方を正しく伝え、やれるように教育する、ということが前提となります。

かつ「多くの仕事」というのは「仕事を処理するための所要時間の合計時間が長い」と考えると、相手との合意形成がしやすくなるでしょう。

押し付けず、耳を傾け、一緒に考える

「残業をさせない」

ハッキリ申し上げます。

大間違いです。

何が、間違いか？

残業が必要な時は、必要なのです！　それを理解させていないから、数時間の時間外労働をさせただけで、ブラック企業、と言われるのです。当然、法律というものがありますので、その範囲内で働いていただかなければなりません。

時には今いる従業員数、設備の仕様で対応できる仕事の量（所要時間）を計算して、最小人員と最大人員ははじき出しておいてください。当然のことながら、常時、繁忙期に合わせた人員配置などできないのです。

ただし、繁忙期を乗り切るための事前の合理化などがなされていなければ、残業をしたくない、と言う従業員も出てきても仕方ありませんので、そのようにならないように、

「残業しなくてもよい仕事の仕方を従業員と一緒に考える」

ということです。ですから、

「私は残業をしたくないです」と言われたら、

「どうすれば、残業しないで済むか？　一緒に考えましょう！」

と、即答し、一緒に考えて行く過程で、繁忙期に合わせた人員数は配置できない理由も説明します。このような対話がとても大切なことであり、従業員の成長につながるのです。

大切に育てるとは、子供のように(愛する人にするように)気に掛けるということ

それでは次に、「大切にする」とはどういうことか、著者が勝手に正しいと思っている解釈についてお話ししたいと思います。

「大切にする」という正しい解釈

① 認める
② 気にする
③ 褒める
④ 相手の悪いところを知る
⑤ なぜ、この会社で働いているかを知る
⑥ この会社でどうなりたいかを知る
⑦ ワーク・ライフバランスのライフの部分を知る
⑧ 上記の④⑤⑥⑦を考慮した上で、仕事を与え、仕事で人を成長させ続ける

です。

ここでは、特に①〜③について説明したいと思います。

①「認める」ということの意味は
・相手の努力（行動）を認める↓ありがとう
・相手の行動結果を認める↓ありがとう、叱る
・相手の立場を認める↓報告をしに来たら、「手を止め、目を見て、同じ視線で報告を聞く」、そして、最後に、「ありがとう」

②「気にする」ということの意味は
・相手の存在を認める↓無視しない、挨拶する、声をかける

③何を「褒める」のか？
・正しい行動を見たら、直ぐに褒める（何度でも）
・悪い報告をしに来たら、報告しに来たことを褒める
　そして、同じことを引き起こさない行動を一緒に考える
・会社のためになっている行動、他部門の仲間が助かっている行動を伝え、褒める

ということなのです。

面倒くさい、と考えないでください。これは全てあなたが「理想の引退」の日を迎えるための準備、つまり、あなたのためなのですから。

次に、「正しく評価」するについての説明をさせてください。

ここで、人事制度の話をしようとは思っておりません。私は人事歴約30年、得意分野は人事

制度設計と教育と評価と人物認識（採用面談、適材適所配置：人事異動）です。いくらでも小難しいことはお話しできますが、ここでは、「何を評価」すると「企業価値が高まる」か、というポイントに絞ってお話しさせていただきます。

「正しく評価」するために「評価すべき結果と行動」だけを見る

「正しく評価する」項目は、その評価期間に蓄積された「結果（成果）」と「その結果に直接結びつく行動の数、量」です。他は見ないでください。

他を見てしまうと、

①人物評価（この従業員は良く頑張っている、態度が良い）

②過去との評価との整合性（前回はAなのに今回がDではおかしい、ＡＢＣＤＥの５段階評価として）

③評価時に時間的に近い行動を評価してしまう（いつも見ていないので、直近で見た内容だけで判断する）

その他、評価に全く関係しない、あなたの感情、想像、空想が入ってきてしまうからです。

このようなことを排除しながら、さらに厳格に評価を行う方法や北米の先端企業で行われている成果で評価をしない方法など様々な評価方法はありますが、ここでは今お話しした評価を正として続けさせていただきます。

皆さまは、「評価制度、人事制度」とは何か？と聞かれたら、何と答えますか？

私は、

・会社の目標を達成するための道具

・従業員を成長させ、会社であるべき人財に育てるための道具

である、と答えます。

評価すべき項目（行動）の目標（数、量）を決める

ここで、結果（成果）とその結果に直接結果に結びつく行動の数、量をどのように決めれば良いか？これが「企業価値を高める」評価の鍵となりますので、一つずつ丁寧に進めて行きましょう。

先ほど、会社の目標を達成する道具、と書きました。会社が最終的に設定する目標は、

①利益

②受注（額、件数）

③売上（額、件数）

などが挙げられます。

ただし、ここで、従業員個人に対し、このような3つの数字だけを挙げているような会社は決して目標を達成することができませんし、万が一、達成したとしても、単年度達成か、そも

そも目標が低すぎた、という結論になると思っています。

では、何を目標にするかと言いますと「得たい結果に直接結びつく行動」を具体的に挙げて、「その数、量」を目標にすることです。そして、その行動をできるようにすることが、従業員を正しく成長させることになるのです。

そして、この行動をどれだけ具体的に挙げることができるかで、会社が最終的に得たい結果が得られるかどうかが決まります。

例えば、住宅営業としましょう。売上が計上されるまでの流れは、
① リストを用いたテレコールでの展示会案内や商品説明
② 個宅訪問（俗に言う、飛び込み営業）
③ 展示場での営業活動（予約客と飛び込み客対応）
④ **受注**
⑤ 建築
⑥ **売上**
と、ざっと挙げられます。

会社が得たいものは、④と⑥であるはずです。

もしかして、この④と⑥、つまり「受注」と「売上」だけを個人の目標に設定していませんか？

人それぞれできる仕事（行動）の内容（難易度、レベル）と品質には差があるはずですので、それでは上手く行きません。目標にはなりません。

答えは、どうすれば、その④と⑥の目標値が得られるのかという「行動を具体的に挙げる」ことです。そこで挙げられた行動の数、量を目標として設定する、その人のレベルに合わせて目標の内容を設定するということです。

逆算して、行動目標（数、量）を決める

私を育ててくれた企業では、一日に〇〇〇件飛び込め（今から数十年ほど前）という目標がありました。とてつもない数ですが、それは全て統計に基づいたものでした。

例えば、下記のような流れです。

(1) 一日100件（月換算で2000件）の飛込み営業をする
(2) その内、10％の「200件」が再訪問可能顧客となり
(3) その後、20％の「40件」に対して商品説明ができ
(4) 40件の内の20％である「8件」に見積提示・クロージングができ
(5) 8件の内の25％である「2件」が契約となる

そんなことは分かっている、しかし、それでは売上が目標に行かないから悩んでいるのだ、とおっしゃられる人もおられるでしょう。でも、それはおかしな話です。そもそも、「得たい

結果に直接結びつく行動」を挙げ、目標から「逆算」して、「一人ひとり」の従業員の「目標」を定めたのではないでしょうか？

数式で見るととても分かり易いのですが、統計上では、1件の受注を得るために、

・4件クロージングをすると1件の受注になる　25％
・1件をクロージングまで持って行くためには、5件の商品説明が必要となる　20％
・1件の商品説明を行うためには、5件の再訪見込み客が必要となる　20％
・1件の再訪見込み客を見つけるためには、10件飛び込まなければならない　10％

1／25％／20％／20％／10％＝1000件

ですから、月に2件の受注を目標とするから、1000件×2＝2000件

となります。

もしも、これまでの統計が正しく集計・分析され、その結果から逆算して行動したとしても「目標」を達成できないとしたら、その内容（行動）の品質を上げなければなりません。もしくは、さらに数、量を増やさなければなりません。

ともすると、その内容（行動）が「得たい結果に直接結びつく行動」になっていないかもしれませんので、ここも今一度、「お客様目線」で見直しをしてみてください。近年では、お客様の趣味嗜好、志向の変化と競合他社の成長には目まぐるしいものがありますので。念のために。

太字の割合のことを「歩留まり」と表現することもありますが、この「歩留まり」を高くするためには、この内容（行動）の品質を上げる必要があります。

では、どのような行動をすると、品質が上がるのでしょうか？

そうです。お気付きのとおり、ここに目を向けなければ、得たい④と⑥の成果は得られないのです。

量をこなすことで品質が上がることもあります。特に、営業の初期段階である（①と②）では、この量をこなすことで営業話法が上達し、また接客にも慣れることによりその部分での成長は見込まれます。しかしながら、初期段階の行動では④と⑥を増やす行動に直結するとは、少々言い難いものがあります。

とは言え、入社したばかりの営業社員に対しては、次のステップに成長させるためにこの①と②を目標とするということはあると思いますし、③以降をレベルの高い営業社員に引き継げば（目標とすれば）、会社が得たい結果に結びつくことになります。

正しい目標が従業員を育て、会社の価値を高める

「得たい結果に直接結びつく行動」を具体的に挙げて、「その数、量」を目標にする。

この目標を設定するためには、得たい結果を得られるまですべてのプロセス（行動）を確認」し、「得たい結果に直接結びつく行動」を見つけ出す必要があります。そして、その量を

増やすことなく結果を得るためには、その品質を上げる必要があります。

「そのための従業員教育」をする必要があるということです。この教育は会社の「得たい結果を得られるための教育」ですから、これによる従業員の成長は直接的に業績向上、つまり、「企業価値を高める」ことに直結するのです。

続きは、第8章にて詳しくお話しさせていただきます。

5. 金融機関との関係を大切にする

金融機関との関係が大切なのは、当然のことながら「お金が必要な時にお金を貸してもらうため」が一つの理由です。

もう一つ、大切なことがあります。それは、あなたの会社の信用を上げてもらうことです。

会社の価値（評価）をあげてもらうために

もしも、売却するとの判断になったら、買い手はどこからその情報を得るでしょうか？

Tデータバンク、Sリサーチなどの企業調査の会社はありますが、そこへありのままの財務諸表を提示している中小企業はあまり多くないようです。買い手もそれくらいのことは分かっています。

「売上が大きいのに、なぜ、こんなに利益が少ないのか？」

という疑問への回答は2つでしょう。

1つ目は、経営が上手ではないから

2つ目は、税金を払いたくないから、経費を膨らませている（役員報酬、保険など）

あなたが買い手としたら、第一印象でどちらの会社に興味を持ちますか？

相当な経営手腕があれば、前者を安く買って、育ててやろう、と思うかもしれませんが、そのように判断されれば、その会社の価格は、最初から買い叩かれます。「叩かれるのは皆さまの会社」の値段です。

正式なM&A基本契約または秘密保持契約が結ばれた後は、財務諸表等を提出することになるので、前者か後者かということは買い手に直ぐに分かります。

ただし、そこまで行けば、の話です。

その前に、先ずは事前調査ということをするはずです。その一つが前述の調査会社へのレポートオーダーです。数万円で確認可能ですから。

そして、そこに記載されている取引銀行に声をかける場合があります。

当然ながら、突然、買い手が銀行に情報収集に行っても、銀行は何も情報は出しません。

しかしながら、です。

これからお話しすることを実行していただくと、こういう対応になることがあります。

「A社様との取引については何もお伝えすることができませんので、A社の担当者から直接お聞きください。ただ、あの会社はしっかりしていますので、お調べになりたい情報は正確にいただけると思いますよ」

などと印象を話してくれることがあるのです。しかも、良い印象だけを。基本的には、悪いことは言わないはずですので。

では、何をすべきかをお話しします。これは私が中小企業の社長となって、初めに行ったことです。そして、それ以降ずっと続けていたことです。

①　取引のある全ての金融機関（10行程度）に出向き、就任の挨拶をしました。その後、
②　全ての金融機関に出向き、前年度の決算報告と、なぜそのような結果になったかという理由を説明しました。そして、
③　全ての金融機関に出向き、今年度の予算を説明しました。

私が経営を任された会社では、毎年度始めに経営計画発表会を行うようにしています。直近では、全従業員のみならず、パート・アルバイト、外交員に加え、金融機関、その他重要取引先を招待して半日かけて、私（社長）が前年度の振り返りと今年度の計画を説明した後、各部門の責任者が具体的な活動方針とその内容を説明するという形で開催しました。

その後、正式な決算報告ができるようになったら（だいだい期末から3か月後）、前期の決算報告と今期の予算説明、それに加え、タイミングによっては、第一四半期の実績報告もしました。

④　金融機関からの依頼があれば、毎月の試算表を提示しました。

右記のうち、④だけは経理担当者から金融機関に提示していましたが、①～③は、経営者（社長である私）が直接金融機関に出向いて説明をすると共に、事業に対する想いを情熱を込

めて伝えました。

金融機関が行う企業の評価（格付け）には「事業性評価」という財務諸表以外の評価も取り入れられることになっています。このような数字に表れない経営者、企業の定性的な部分も評価項目の一つになっているのです。

すると全ての金融機関からの会社を見る目が明らかに変わったのです。まだまだ大きな借入金残高があるにも関わらず、ほぼすべての銀行から経理担当者に貸付の提案書が届くようになり、金融庁からの指導もあって、個人保証（連帯保証）は外していただき、物的担保も外されたのです。ほんの2年程度で。

当然、既に説明した「こぼれない器創り」を実施しているので、体質改善はしておりますが、借金がなくなったわけでも、半分になったわけでもありませんでした。不思議に思った私は、直接、ある金融機関の支店長にお聞きしました。

「なぜ、こんなに積極的に弊社を支援していただけるのですか？」

すると答えはとてもシンプルでした。

「ここまで丁寧に事業報告と予算説明をしてくれる会社に出会ったことがない。ましてや、社長が直々に支店に来て説明をしてくれたのも初めてです。御社はとても信用できるので可能な限り支援したいのです。お願いします」本来は借りる私がお願いすべきであるのに。

ある銀行では、私が出向いて説明をさせていただいた後に、「感動しました」とまで言っていただけました。

銀行の支店長などは2年に一度の割合で人事異動がありますので、一回説明しても、2年後には変わっています。ですから3年前に説明したとしても、後任の支店長は「これまでの前述のような会社の姿勢」を何も知らず、知っているのは融資残高と返済状況だけ。お金を貸してくれ、と言っても、他社と同じように扱われるので、このように毎年、お会いするようにしていました。

私にとっては、お金を借りているのだから、説明責任がある（上場企業の取締役であったので少々固いかもしれませんが）ということで当たり前で「普通」のことと思っていたのですが、他の企業はやっていなかった、ということだったのです。とてもラッキーでした。

人それぞれ「普通」は違う

ここで申し上げたいのは、「普通」という言葉の捉え方は、人によって違い、大まかに3つの普通があるということです。それは、
①「良い（レベルの高い）」普通
②「普通」の普通
③「悪い（レベルの低い）」普通
です。

何のことやら、さっぱり分からないと思いますので、説明します。

この「普通」の違いが、人の好き嫌いや夫婦喧嘩さらには戦争までも引き起こしてしまうのです。なぜなら、この「普通」の違いは「価値観」の違いと読み替えることができるからです。

こんなニュースを見たことがあります。それは、沖縄・宮古島住民が悩む〝魔の水曜日〟というものです。その内容は、

「毎週水曜日、海外からの豪華客船が宮古島に到着。島民5万人に対し、約5000人もの観光客・乗組員が宮古島に上陸するのだが、そのほとんどが中国人となっている。東洋一美しいと言われる与那覇前浜ビーチは中国人観光客らにとって最高の撮影スポット。思い思いに撮影を楽しんでいるのだが、彼らがゴミをその場に放置していく点が問題だ。

食べ終えたアイスのカップを海に投げ入れ、足を拭いたティッシュを砂浜に放置。美しい海にはペットボトルなどのゴミが散乱していた」

あなたは、どうして中国人はそんなことをするのだ、と思うでしょう。怒りさえ、感じる人もいるでしょう。

ですが、この中国人一人一人が悪いのではないのです。彼らが生まれ育った中国では、それが「普通」なのです。ここでは、日本人の普通が「普通」の普通、中国人の普通が「悪い」普通、と日本人の「普通」を振りかざしてしまうから、悪い感情が生まれるのです。

この反対に、日本人が海外で同じように思われることもたくさんあります。長い間海外で仕

事をしていた私は、数えきれないほど、

「なんで日本人はハッキリ言わないのだ！ Yes or No?」

「なんで日本人は○○しないのだ！」と問われ続けました。

この場合は、日本人の普通が「悪い」普通で、その国の普通が、「普通」の普通であった、ということとしょう。


あなたの会社の「普通」を「良い」普通に変えてみませんか？

これをお読みになり、考え直すきっかけになれば、と心から願っています。

これまで金融機関に行くとか、説明するとか、外部に対する行動についてお話しさせていただきましたが、次は、

「机上でできる金融機関ともっと上手にお付き合いする方法」

を少しだけ説明させていただきます。

見え方を変えることで会社の評価を上げる

金融機関から、「決算書を見せてくれ」と言われることがあります。では、金融機関が何のために、そして、「どこ」を見て、あなたの会社にお金を貸すか、貸さないか、どのような条件にするかを決めているかを、ご存じでしょうか？

当たり前のことですが、それを知っていて決算書を作成するのと、知らないで作成するのでは、受け取った金融機関の反応が変わってきます。財務諸表の中で、金融機関が気にしている数字を改善すると、条件が変わってきます。そして、個人保証（連帯保証）が消え、物的担保も不要になることがあります。

あまり書きすぎると金融機関から怒られるかもしれませんが、皆さまのためにお話しさせていただきますと、まったく同じ「売上高」でも、金融機関からの評価を「良くする決算書（財務諸表）」と「悪くする決算書（財務諸表）」がある、ということです。

経営者にとって、財務諸表は「通知表」です。その「通知表」を見て、金融機関はそれぞれの企業に対し「格付け」というものを付けています。これがどのように付けられているかということを、少々お話しさせていただきましょう。

正しく詳しくお知りになりたい方は、このような金融機関の企業評価（格付け）についてのセミナーが開催されておりますので、一度参加されることをお勧めします。

格付評価項目の一例として、

《定量評価》

① 安全性項目（例として、自己申告比率、ギヤリング比率、流動比率など）

② 収益性項目（経常利益率など）

③ 成長性項目（自己資本額、売上高など）
④ 債務償還能力項目（債務償還年数、償却前営業利益など）

これに、定性分析（未来返済能力）と潜在返済力がおのおの評価され格付されています。

これまでは金融機関から言われたら何も考えずに提示し、言われたままの条件で借り入れをしていた「普通」から、銀行から良い条件が提出される「普通」に変えて行きませんか？　この変化により、金融機関の対応が変われば、それは「企業価値が高まった」ということです。

また、この項目を整える時に、

・役員報酬（ご家族、親族）
・接待交際費
・役員車両
・保険

などを見直していただき、より実力に近い真の「通知表」として仕上げることをお勧めします。

特に、売却をされるのであれば右記を見直すことによって、会社の価値が高まる、つまり売却額ＵＰにつながります。

そして、個人保証（連帯保証）と物的担保についても、格付けが上がれば外すこともできます。これらが至る所に付いた会社と、何の保証も担保もない会社では、どちらの会社が買われやすいでしょう？　どちらの会社が高く売れるでしょう？　お考えになってください。

そして、個人保証が必要とされなければ、親族または従業員への引き継ぎも、しやすくなるのではないでしょうか？

さらに、金融機関とここまでの関係ができあがれば、万が一、1年または2年の業績が悪化したとしても、金融機関は見捨てずに応援をしてくれるはずです。

そして、何よりも、「個人保証（連帯保証）という重い責任から解放される」ことで、皆さまの心も安らぎ、さらに「引き継ぐ相手、つまり後継社長の不安も解消される」ことになります。

今から少しでも心を安らげ「理想の引退」の日を迎える準備を始めてはいかがでしょうか？

ここまでお読みなっただけでは、「そんな面倒なことはできない」などと「勘違い」をされてしまうかもしれませんので、ここまでになるために、どれだけの労力が必要か？を数字で説明してみることにします。

「良い」普通になるためには、

① 1年に一度の決算報告

取引銀行が5行あるとすれば、1行に対する説明に1時間、往復の移動時間で1時間、計2時間で、5行で**10時間**

②　1年に一度の予算報告
　①と同じ**10時間**

③　月次試算表の提出
　これは、経理担当者が印刷して終わりです。
　この場合は、銀行は皆さまの会社まで取りに来ますので。
　ということは、①と②の合計で**20時間**
　10：00〜12：00（午前1行）、13：00〜17：00（午後2行）と一日で3行の訪問ができますので、
　決算報告に**2日**
　予算報告に**2日**
の合計4日間、たったこれだけです。
　セミナーに行ってください、と書きました。
　これも、**1日5万円前後**の費用で受けられます。

5日と5万円で「良い普通」へ

　もう一度申し上げます。
トータル5日間、5万円の費用

で、あなたの会社が金融機関から受ける評価が変わり、借入条件が良くなり、個人保証（連帯保証）という大きなプレッシャーから解放され、企業価値が高まるということです。

売却することで引退を考えておられる皆さまにとっては、たった5日間の行動でより多くの売却益を得ることができるのです。個人保証（連帯保証）と物的担保を外したということは、それだけで大きな価値があるのです。


そして、承継者（親族、取締役・従業員）に引き継ぐ場合にも、とても素敵なプレゼントとして贈ることができます。まだ、承継者は分かっていません。資金繰りの大変さ、利息返済の重み、万が一の時の資金調達の難しさ、そして、連帯保証（個人補償）を負う大きなプレッシャーを。


決して、初めから、いばらの道を靴も履かせず方位磁石も持たせずに投げ出したりしてはいけません。

それを押し付けるから、承継者になりたくない、引き継ぎたくないと言われるのです。

引き継ぐにしても、売却するにしても、今から準備を始めませんか？

第6章

実践：こぼれない器創り
～自走組織の始まり

1. 自分の財布から払うつもりで

前章にて触れさせていただいた「こぼれない器創り」について、ここからはどのように進めて行けばよいかを、具体的にお話しさせていただきたいと思います。

「自分の財布から払うつもりで」、これが基本中の基本と考えてください。前章では、これを「会社のお金の使い方」とも表現させていただきました。

ここをしっかり押さえていただき、従業員に浸透させることが出来れば「こぼれない器創り」の半分（50％）は出来上がったと言っても良いでしょう。この話を聞くと、とても簡単なことで、「いつも会社の外（自宅、自分の財布から出すお金）でやっていることを会社でも行えば良い」ということなのですが、なぜか、多くの会社でこれが出来ていない、または、しようとしていないのが実態なのです。

あなたの会社の本当の実力

これまでに「こぼれない器創り」を導入した会社では、売上は前年度と同程度でも利益は大幅に増加しました。そして、ほとんどの経営者、オーナーの皆さまが、

「なぜ、こんなに利益が上がるようになったのですか？　何か悪いことをしていませんか？」

と驚かれたり、疑いの眼で見つめられたこともありましたが、私は、いつも、

「これが、あなたの会社の本当の実力です。これまでは『使わなくてよいお金』、『利益につながらないお金』をこぼし（使い）過ぎてしまっていただけです」

と答えています。それが、本当のことですから。

前章では、乾電池を買う時にでも、従業員の意識の違いで、単四電池2個：50円〜２４０円（4．8倍）となる、というお話しをしました。これは物を「買う時」の話です。では、ここでは、「物を使う」時のお話しをしてみましょう。

例えば、ご自宅でお手洗いに行くことを想像してみてください。まずはお手洗いの前で、電気を点けるためにスイッチを押し、換気扇のスイッチを押します。用が済んだら、２つのスイッチを切るはずです。24時間換気であれば、電気のスイッチだけを切ります。

では、会社ではどうでしょう？

お客様が利用しないお手洗い「従業員専用お手洗い」を想像してみてください。「電気」と「換気扇」はどうなっていますか？　もしかしたら、両方とも、つけっ放しになっていませんか？

「換気扇」の場合は、24時間換気ということでつけっ放しにしている会社もあるでしょうが。

では、電気はいかがでしょうか？　誰もいないお手洗いを「なぜ、電気を使って明るくしていなければならないのですか？」これに理由があるのであれば「自宅でも電気をつけっ放し」にしておく必要があるでしょう。この電気代が「使う必要のないお金」であり「利益につなが

らないお金」です。ハッキリ言えば、「利益を減らすお金」です。その金額を売上に換算すると、お話しした通り10倍の売上になるのです（営業利益率を10％とした場合）。

これは「節約」とか「節電」とかを言っているのではなくて、「使う必要のないお金をこぼして（使って）いる」ということで、自宅では普通にできているのに、会社ではできていない、という典型的な例です。自宅でしていることと同じことをすれば良いだけです。なぜ、自宅であればできるのに、会社ではできない、考えないのでしょう？

これが、頻繁にお客様が利用するお手洗いで、お客様にスイッチを押させるという面倒をかけることは失礼、という考え方からつけっぱなしにしているのであれば理解もできます。

話を戻しましょう。なぜ、このようにお金がこぼれるのでしょうか？

まず最初に挙げられるのが、「そのお金を使う目的」を考えていないからです。

「何のために」を全く考えていないのです。この電気の話であれば、「何のために、誰もいないトイレの電気をつけるのか？」ということを考えれば、すぐにでも消すはずです。

もしくは、

「なぜ、これを使わなければならないのか？」

「なぜ、これを買わなければならないのか？」

を全く意識せず、行動しているからとも言えるでしょう。

ただし、こう考えても、これからお話しする「それくらい」という考え方が邪魔をすることが多いのです。

「それくらいの・・・」という「甘えた無責任の積み重ね」が会社の利益を食い潰す

「それくらい」を含め、次の3つの理由が挙げられます。

・従業員に言うのが面倒ください
↓単なる手抜きです
・言わなくてもそうすべきだ
↓人それぞれの「普通」（価値観）が異なるので、言わなければ気付きませんし、伝わらなければ行動しません
・「それくらい」良いじゃないか
↓「それくらい」とは「どれくらい」なのでしょうか？　それは、人それぞれによって違うはずです。この「それくらい」という考えが、どんどん大きくなり、会社のすべての従業員、仕事のやり方・進め方に蔓延し、積み重なり、大きな金額（経費）となって会社の利益をこぼし続け、「利益の残らない会社」が出来上がるのです。

ここまでは、経営者の皆さまにお伝えしたいことですので、少々厳しめにお話しさせていただきました。ここで、

「これで分かりましたね。では、皆さまの会社でやってみてください」で終わってしまった

ら、大失敗をさせてしまうことに成り兼ねませんので、ここからは、皆さまが従業員にどのように伝えれば良いか？　というお話しすることにします。

「伝え方」次第で同じ内容も全く違って伝わります。すべては、皆さまの話を「相手がどのように受け止めるか？」です。

一例として、「使わない電気は消せ！」などと言ってしまっては、押し付けとなってしまい感情的になってしまうので「家では、どうしてる？」と訊くのです。これで「自分の財布から出るお金」と同じ使い方になるはずです。

当たり前のことですが、皆さまが真っ先に変わらなければ、どんなに上手に話しても相手には伝わりませんので、まずは皆さまから「自宅と同じように」「自分の財布から払うつもりで」を実践してください。

伝える時に

伝える時に決して「してはいけない」のは、次の3つのことです。

・感情的に話す（怒って話す）

「こんなことをしているから、利益が出ないのだ！」という感情が、表情・口調に出た瞬間に失敗確定です

・押し付ける

「言うことを聞いて、とにかくやれ！」という気持ちが伝わった瞬間に失敗確定です

・会社の経営が苦しい、などのネガティブな言葉を言う

　私がその場にいたら、転職の準備を始めるでしょう

この3つを言わなければ失敗をすることは、ほぼなくなりますが、最も大きな効果を得るためには、ここで得られたお金は「従業員に還元する（給与で払う、賞与で払う、教育研修に使う、福利厚生に使うなど）」と伝えることです。伝えるだけでなく、本当に還元するのです。

一般的には、ある一定の期間中での利益増については賞与で還元ということになるのですが、この「こぼれない器創り」での変化（改革）は継続して行くので、給与に反映することも可能となるのです。多くの従業員は貰えるか貰えないか分からない賞与より、月次の給与が高いほうが良いと考えているのです。そして、月額給与を増やすことができれば、採用活動もしやすくなります。他の価値ある還元方法もありますので、詳しくは後ほど説明します。

では、伝え方についてお話しします。

3つの合わせ技

伝えるタイミング（時期）は、年度予算作成時が最も良い時期です。若しくは、中間期が終わった頃に。

皆さまが参加するのは2回です。

1回目に集めるメンバーは、皆さま（社長）の直属の部下（取締役、執行役員、部長）などの幹部と呼ばれる人たちです。2回目は、皆さま（社長）は何も話さず、参加するだけです。この2回目の会議は、1回目の皆さまの想いを聞いた幹部に主催させ、後ろで黙って聞いていてください。あくまでも、主催者は幹部という形で。

1回目にメンバーを集める時には、このように伝えると良いでしょう。

「日々の皆の努力に感謝しております。これまでいろいろな方法を進めてきたけれども目標の利益が得られなかった理由が私にあるのではないか？と考えています。ついては、幹部の意見を聞いて、皆と一緒にこれからの対応を考えたいので集まってほしい」という感じです。

ここで、大切なことは2つ、

・感謝を伝えること
・自身の謝りを認め、詫びること

です。

話の内容は既に説明させていただいた通りであり、伝える時のスタンスもお分かりのはずです。とは言え、成功していただくために、もう少しだけ加えます。これが最も心に響く言葉なのですが、

「これまでの皆の対応には感謝している。ありがとう。私がやれていなかったので申し訳ないのだが、これからは◯◯◯しようと考えている。私も一緒にやるので、手伝ってほしい」

または、

「これまでの努力にとても感謝している。ありがとう。私が悪かったのだが、これからは◯◯にしたい。申し訳ない。私がまず改めるので、一緒に取り組んで欲しい」

という、

「感謝」「お詫び」「協力依頼」

の3つの合わせ技です。

3つの例を示しましたが、ほとんどの皆さまがこのような話を従業員にされたことは無いと思いますので、これならできそう、言えそうというメッセージをご自分なりにアレンジして使ってみてください。3つの合わせ技であれば良いので。

時には格好悪いことも必要である

とは言え「そんな格好悪いことが従業員に言えるか！」と考えている皆さまもいるはずですので、私の経験をお伝えしたいと思います。

経営計画発表会を毎年度開催しているという話をしましたが、これが、ある発表会においての社長である私の冒頭スピーチの第一声です。

「前年度もお客様のために一生懸命頑取り組んでいただき、ありがとうございました。皆さまの日々の熱心な活動のお陰で、素晴らしい成果を上げることができました。しかしながら、私の進め方が悪く目標である数字には達することはできませんでした。申し訳ない、これはすべて私の責任です。今期は必ず皆と達成したく、一緒に取り組んでほしい」

ここからの発表会のスタートです。

この発表会では、100ページを超える経営計画書を参加者全員に、その場で渡しており、その経営計画書にも同様の内容を綴っております。これは参加者全員に渡すことにしているので、金融機関を含めた全招待客にもお渡しし、持ち帰っていただくことになります。

私にとっては、事実なので、その通りに綴り、その通りに話をさせていただきました。

そうすることが「私の普通」だったのですが、この挨拶によって発表会がそれまでとは全く違う雰囲気に包まれてスタートし、最も素晴らしい発表会となった、という経験があります。

そして、その年度は言うまでもなく、大きく飛躍した年度になりました。

その後の決算報告を金融機関に説明しに行った時のことでした。いくつかの銀行の支店長から開口一番に言われたのは、

「社長が従業員全員の前で詫びる、頭を下げるのを初めて見ました」という言葉でした。

次に出た言葉に、私は驚きました。

「感動しました」「カッコ良かったです」「ますますファンになりました」「御社は信用できます」というポジティブな嬉しいお言葉でした。

著名人が謝罪のようなことをする時によく聞く言葉があります。それは、

「遺憾です」、「遺憾に思います」

などという言葉です。

この「遺憾」という言葉の意味を調べてみますと、

遺憾（いかん）とは、一般には、「思い通りに事が運ばなくて残念」という意味で、期待したようにならずに、心残りに思うこと。残念に思うこと、と謳われております（出典：フリー百科事典『ウィキペディア（Wikipedia）』）。

つまり、聞いている方はよく聞く言葉なので、偉い人たちは「遺憾」という言葉を使って、謝罪をしているのだ、と思い込んでしまっているだけで、この「遺憾」という言葉を発している本人には謝罪の気持ちは無いということなのです。それくらい、人は罪や過ちを認めることに抵抗があるということなのでしょう。特に、大勢の人前やテレビなどでなおさらなのでしょう。

人間という生き物は、そして、歳を取れば取るほど、悪い成果を自分の責任であると認めること、罪を認めること、過ちを認めることを恥ずかしい、したくないと思うのかも知れません。勇気がいることなのかもしれません。もしくは、面子というものがあって、プライドが高くて言い出せないのかも知れません。

だからこそ、価値があるのではないでしょうか？　それも、年上、目上の者が「詫びる（罪、過ちを認める）」ということが。そして、その前に、感謝の言葉を告げています。そんな人物を人は認め、信頼するのではないでしょうか？

これは、テクニックではなく、本当にそう思っているから「口に出せる」言葉なのです。人によって「普通」は違う、「価値観」は違うわけですが、そこを少しだけ変えることで、周りを大きく変えることがあるのです。

自走組織の始まり

「無駄なお金」をなくして、得られた利益を従業員に還元するとお話ししました。これをすると、従業員の意識が変わります。そして、この意識が変わると会社全体の雰囲気が変わってきます。続ければ続けるほど変わってきます。そして、従業員に還元した以上に利益が出るようになるはずです。それも皆さまが動かなくても、従業員たち自ら動いて。

これが自走組織（皆さまがよく言われれる、指示待ちではなく自分で考えて仕事をしてほしい）の始まりというものです。

この還元方法については、第5節『成果は皆で分け合う』を参考にしてみてください。

自走組織を創り上げるには、他にもしなければならないこともありますが、是非とも「こぼれない器創り」を実践して、これまで「こぼしていたお金と時間」を「従業員」という「磨けば光る宝物」に投資して「価値ある会社」を創り上げてください。

少し話を戻しますが、お詫びでスタートした年度の成果も目標未達では、単に、謝ってばかりのダメ社長と思われてしまいますので、しっかり経営もしていきましょう。

2. お人好しは自分のお金で～お人好しが会社をダメにする

業績改善、企業再生を進めるときに、必ず、社長（オーナー）に確認することがあります。
「現在の取引（仕入れ）先を全て見直したいのですが、変えてはいけない取引先、金融機関などはありますか？」

ほとんどの場合、「無いと思います」という言葉が返ってきます。

そこで、私は経理部門に行き、買掛金リストを入手します。入手した買掛金リストを年間で集計して金額の高い順に並べ、備考の欄に商品名、サービス名を追記します。

これで、この会社がどんな商品、サービスに多くのお金を使っているかが分かります。このリストは、「無駄なお金」を見つけ、合理的に削ぎ落す重要なリストになりますので、毎年作成するようにしてください。

このリストを上から下に見て行くと、知っている会社（大企業）と知らない会社（地元の小規模会社）で同じ商品を異なる単価で購入していたり、知らない会社1社だけに、どこからでも購入できる商品が大量に発注されていることがあります。

「無駄なお金」の使い方

まずは、業績改善、企業再生（この本で言えば、「企業価値を高める」）の手始めとして、このリスト上の不適切な業者を見直すか、商品別に並び替えて、購入金額の大きな商品を仕入れている業者または単価を見直す、もしくは同時に着手します。

変えてはいけない業者はない、と聞いてはいたのですが、万が一のことがあってはいけないと思い、出来上がったリストを社長（オーナー）のところへ持って行き「こぼれない器創り」のストーリーを再度お話しした途端、こんなことを言われるのです。

「ここは昔からの付き合いだから、変えることはできない」

「これは、学生時代の仲間だから、変えることはできない」

「これは、〇〇の友人だから、変えることはできない」

などなど。これを聞いた私は、こう答えます。

「では、変えはしませんが、他社との相見積りを取り、比較をさせてください」

答えは、「どうぞ、お願いします」です。その答えを受け、動き出すとこんなことに直面するのです。

新規顧客を獲得したい新規の業者のほうがお値打ちな価格を提示してきた場合、既存の業者に敬意を払うために新規の業者から提示された価格をベースとして話し始めると、既存の業者から、

「なぜ、こんなことをする必要があるのだ、今まではこんなことはしなかったのに！」という私の常識では考えられない回答が返ってきます。

これまではずっと言い値で商売をしてきたようです。

そして、「社長（オーナー）は知っているのか？　〇〇（購買担当者）は知っているのか？」という、さらに驚きのコメントが続きます。当然、知っているのですが「分かった、社長（オーナー）に直接連絡をする」ということで最初の会話が終了します。これまでは「過去のしがらみ」で営業努力をしなくても仕事が入ってきていたのですから、面食らうのは当然ですが、相見積りを取って購買するのも当然です。私だけの普通ではないと思っています。

そこで連絡を受けた社長（オーナー）が、きっぱりと「会社が決めた対応である」と伝えてくれれば「こぼれない器創り」が問題なく進むのですが、時に、こんな社長（オーナー）がいるのです。

「〇〇会社の社長から連絡があって、無理な値引きを押し付けられている、と言っている。もう少し優しくやってくれないか。どうにかならないのか」と。

お人好しが会社をダメにする

このようなことを言う社長（オーナー）の会社では購買部門の担当者も同じようなことを言うのです。時にはこんな言葉までも。

「そんなことをしたら、○○社が可愛そう」

「そんなことをしたら、○○社は潰れてしまう」

同じもの、同じ仕様のものに対して相見積りを取り、比較検討をしている最中にです。

この担当者らが○○社の経営状態を把握しているのでしょうか？ どの程度の経営努力をしているかを知っているのでしょうか？ たぶん、知らないでしょう。こんなことも把握していないにもかかわらず、そのような言葉が出るということは、この会社は、いつも業者、つまり「お金を払ってあげる相手」のことを気遣って、自分の会社の利益をこぼし続けているということです。

これは「無駄なお金」ではないでしょうか？ 会社ぐるみで「無駄なお金」をこぼしているように見えませんか？

これは、社長が「会社のお金」を社長自身（個人）の「お人好し」のために使っていることを従業員が知っていて、それをしても良い、という会社風土が出来上がった結果です。

業者と交渉することはやりたくないことかもしれません。

これまで付き合いのあった使い勝手の良い業者を変更ことは面倒なのかもしれません。

ここでは、皆さまに「理想の引退」の日を迎えていただくために、「企業価値を高める」お話をさせていただいております。

皆さまの会社ですので、すべては皆さまのご判断であり、そのご判断がこれからの皆さまの未来を創るということも承知しております。

ただ、一言だけ言わせてください。

どうせ、お人好しで「無駄なお金」をこぼすのであれば、その半分でも従業員のために使ってあげてください、投資をしてあげてください。

「お人好しは、ご自分のお金でお願いします」

お人好しの会社は、「他人の財布のため」に「自らの財布から利益を減らし」、いつしか傾き、大切な従業員の職を奪い、そして「理想の引退」までも消してしまうのです。

3.「あったほうが良いもの」は要らない

よく耳にする言葉ですね。例えば、どんなものがあるでしょうか?

① 従業員の机の上の鉛筆立てに無造作に差し込まれた文房具
② リース車両
③ パソコンの保守契約
④ パソコン周辺機器の保守契約
⑤ インターネット、その他のインフラに関わる保守契約
⑥ 1年に数回しか利用しない〇〇(機器、道具、備品)
⑦ 倉庫とそこに保管されている1年以上利用しない〇〇(但し、法律で保管期限が定められている書類は除く)

などなど。

私は以前、こんなことを秘書に言ったことがあります。

時には嫌味な社長になる

「社長はよくステープラー(ホチキスは商品名ですので、ここではこう呼びます)をお使い

になるので、買ってきました」

「ありがとう」

で、終われば普通（？）の会話になるのですが、私は、ついつい、

「別に買わなくてよかったのに」

と言ってしまいました。本当にその必要はないと思っていましたので。

秘書の顔は歪みました。あなたのために買ってきたのに、という優しさを踏みにじられて。

秘書は私が喜ぶはずだ、と思い、気を遣って時間を使って買ってくれたことは十分わかっています。感謝しています。ともすると、私が秘書に借りに行く時間の私の報酬を計算してそうしてくれたのかもしれません。これが１００円ショップで買われた物、それより安いものかもしれませんが、私は続けました。

「一人に一つずつなくても、必要な時に使える量（数）だけあれば良いです。それで困る人はいないので」と。

誤解がないように申し上げますが、この会社は経常利益が15％以上あり、ステープラーをいくつ買っても、決して傾くようなことはありませんでした。ここは、私の「考え方の根っこ」です。

打てば響く

この一言で、優秀な彼女は動きました。

その結果、お金の使い方、物の買い方が変わっただけでなく、机の上もきれいになり、整理整頓も進んだのです。整理整頓が進むと「探す」という「無駄な時間」が短縮されることにもなります。

購買部門のスタッフも動いてくれました。集中購買によって単価を落としたのです。

さらに良いことは、従業員の「会社のお金の使い方」に関する会話が増えました。そして、こんな言葉も出るようになりました。

「○○さん、これはいくらで買ったのですか？ 先週○○○に行ったら、これと同じものが○○○円で売っていました」

とか、

「大きな荷物を運ぶためのトラックのリースが切れるようです。必要なので継続の契約をしたいのです」

「次に使うのは、いつですか？」

「分かりません」

「ならば、契約は終了して、必要な時にレンタカーを借りましょう」

とか、

「A社に、年間○○万円の保守料を支払っているのですが、これは必要ですか？」

「サーバーとかあるので必要だろう」

「では、中味を調べてみます」

その結果、サーバーの保守料は別の契約であって、その契約はパソコンにトラブルがあった時に通常より少々早めに来社するといった内容とルーターなどに故障などがあった時の交換費用であったのです。同社では、保守契約を終了し、異常があった時にはその業者にスポットで頼むことにし、ルーターは壊れたら購入する、という判断をしたため、年間100万円近くあった費用は20万円以下になりました。

1個5000円（定価）の商品に月に2000円払って保守またはリースをしていることはよくある話です。定価で購入したとしても5000円、つまり25ヶ月のお支払いをすると業者は、その後は粗利率100％の商売となるのです。まさか業者が定価で購入しているはずがありませんし、金利もほぼゼロのようなものですので、もっと「無駄なお金」をこぼしているのです。

こんな話はどこにでもあることですので、一つでも皆さまの会社で使えればと思い数多く羅列させていただきました。「あったほうが良いもの」で多くの「無駄なお金」をこぼしている、ということもご記憶ください。

但し、「安心をお金で買う」ということも必要です。このパソコンが壊れたら会社の仕事が止まってしまうので、その部分には必要な保守費用を支払う、ということは重要なことです。これは安心というよりは危機管理の一つとして必要な経費です。

一つずつ丁寧に

では、一日中外回りをしている営業担当のパソコンはいかがでしょうか？　そもそも、その営業担当が使うことのないアプリケーションと機能がたくさんついたパソコンは必要でしょうか？　タブレット端末だけで十分な場合もあります。私は以前、経理部門、デザイン部門以外のパソコンを全てタブレット端末に変更したことがあります。何の問題も起きませんでしたし、パソコンではコストのかかる顔認証をタブレット端末では、コストをかけずにでき、セキュリティーはパソコンより向上します。「必要な場所に」、「必要な人に必要な物を」、ということです。

そして、経営者の皆さま（社長）もパソコンを使われていると思います。そこに入っているアプリケーションをどれだけを使っていますか？　使っていないアプリケーション・機能の費用、そして、それをインストールするための仕様（スペック）にかかる費用も、すべて「無駄なお金」であると思いませんか？

「社長だから、会社で一番・・・」というような考えは、「無駄なお金」を生み出す「必要のない考え方」です。そんな考えをしていたら、従業員に何を言っても伝わりません。

「あの人は社長だから・・・」と思わせてしまったら、すべてが壊れてしまいます。

「必要な人に必要な物を」、これで行きましょう！

いろいろな例を上げましたので、ここからヒントを見つけて皆さまの会社に当て嵌めてみてください。意外なところに、宝の山が隠れているかもしれませんので。

4. 最も高いコストは時間
～感謝の輪で仕事を合理化する「次工程はお客様」

釈迦に説法、という言葉がこのテーマに最も適切な表現であるかもしれませんが、皆さまのために、説法をさせていただきます。

前章においては、会議を例に挙げ、それにかかわる従業員の給与と遺失利益などについてお話しをさせていただきました。

ひと昔前ではライフ・ワークバランス、最近では働き方改革という言葉を頻繁に耳にします。一方、現場では人手不足でそんなこと言っておられない、時間外手当なんか払えない、みなし残業で払っているから問題ない、などというお言葉も耳にすることがあります。

ここで、見方を変えると、相反する2つのテーマが同時に解決できることになるのです。

・「仕事」をするにおいて、最も「高いコスト」が「時間」
・「人生」において、最も「貴重なもの」が「時間」

であるという考えを基本に置くことなのです。

会議の話では、会議の時間をお金に換算して、その会議時間のために支払う従業員への給与（労務費）とその会議を開催したことにより失ってしまっただろう遺失利益についてのお話しをしました。会議にかかった経費のことをお話しする人は多くいますが、遺失利益について話をする人には出会ったことがありませんので、ぜひ憶えておいてください。

貴重で、高価な「時間」を最大限有効に活用するために、この3つに取り組んでください。

・利益につながらない時間を無くす
・感謝の輪で仕事を合理化する
・誰でもできるような仕組みを創る

利益につながらない時間は使わない

言い換えれば、利益につながらない「仕事を止める」ということです。

その筆頭が、前にもお話しした「会議」の中にあります。その中でも、最も利益につながらないのは「意見を言わない参加者の参加」と「その会議時間」です。定例会議をするとしても、1回目の会議で一言も発言をしない参加者は、2回目以降は参加させないようにしてください。そして、会議に参加したいと申し出てきたら、参加の目的を聞いてください。何と言うか?

発言をしない人というのは、

「資料だけを提出すれば会議参加者全員が理解し、納得できるような資料を作成できる人」

「会議中、会議に関係ないことをしている人」

「休憩をしている人」

ですので、会議には参加する必要はありません。会議室の外で、少しでも「会社の価値を高める」行動をさせるべきです。

まさか、ここで「可哀そうだから」などという「お人好し」にはならないでください。まだ「無駄なお金」を生み出していることがあります。

・会議のための会議

定例会議の議案を決める、誰がどのような話をするのかなどを決める「事前会議」などというもの。

議案を決めるのは議長の役割ですので、議長が事前に起案し、それを参加者に回付し、追加で議論すべき議案があれば、その優先度を確認して決定すれば良いことです。すべてメールのやり取りでできますので、参加者の貴重な時間を拘束する必要はありません。

「会議」の最も無駄なポイントは、「参加者の時間と行動を拘束する」ということです。

・大量の会議資料の作成

会議資料は何のためにあるか？　をまず考えてみてください。

①　口頭（話）だけでは伝わり難いことをビジュアルで分かりやすく伝える

②　発言内容の裏付けを明確にすること

この2つであると思っています。②は必要なのかもしれませんが、見直さなければならないのは①です。

友人に大手自動車メーカーに勤めている人がいるのですが、1つの議案に対して、プレゼンテーション資料は「A4版1枚」のようです。そして、このようにする目的は伝わりやすくするということもあるのですが、その資料を「紙1枚」に纏めることで、発言者がその内容を深く理解するとともに、伝えるポイントを明確にするという教育を兼ねているとのことです。

・会議の資料を会議中に配る（会議時間を引き延ばす根源）

私が会議を開催する場合は、必ず資料を事前に配布します。ルールとしては、開催の2日前、水曜日の開催であれば月曜日の朝までに配布するということです。これには2つの理由があります。

① 2日間あれば、参加者全員が事前に資料に目を通すことができる

② 会議という場は、そこで挙げられた議案を議論して決定し、行動し始める起点となる場である

ということです。

会議が多い会社ほど、問題解決が遅くなる

ここまでのことをすれば、会議の回数と参加者の人数が減るはずです。

私は会議と言うものがあまり好きでないので、新しい会社に招請されると、その回数は1／3以下、会議あたりの参加者は1／2以下に自然となって行きます。会議が好きでない

理由は、問題解決を引き延ばしてしまうことがあるからです。

前章でも触れましたが、具体的にお話ししますと、例えば、月曜日に大きなクレームがあったとします。そしてクレーム改善会議が毎週水曜日に設定されていたとします。本来は月曜日に問題解決に着手しなければならない状況であるはずなのに「水曜日に会議があるからその会議で報告しよう」という考えになってしまうようです。

ここには、一人で皆さま（社長）に報告するより、いくつかの議案がある一つとして、そして少しでも多くの従業員がいたほうが怒られないだろう、という意識も働くようです。

このように会議ばかりしていたら、すべての従業員が「会議まで問題を温める」ことになり、その時間に比例して問題は大きくなって行き「無駄なお金」ばかり増やしてしまうのです。

それどころか、大切なお客様を蔑ろにする会社に陥ってしまう危険性もあるのです。

なぜ会議の時間は1時間、30分単位なのでしょう？

さて、ここまでで多くの「会議」に関する無駄をそぎ落とすことができたはずです。回数と参加者が大幅に減りました。残すは、その会議の所要時間です。回数と参加者が減っても、その所要時間が増えたら、元も子もありません。

会議と言うと1時間単位、30分単位に設定する人が多いのですが、それはなぜでしょう？

ここでは、皆さまに考えていただきたいのです。

これまでにお話ししたことをご理解いただき、実践していただくことでその時間をどれだけ短縮できるかを。

参考のために申し上げますが、私は会議を10分単位で設定します。そして、最長1時間と決めています。それはなぜかと言いますと、

「仕事」をするにおいて、最も「高いコスト」が「時間」

「人生」において、最も「貴重なもの」が「時間」

と考えているからです。

仕事を合理化するということとは？〜「次工程はお客様」

ここでは小難しい話をするつもりはありません。まずは、この考えで仕事を進めれば合理化できます。それは、

「次工程はお客様」

という考えで全員が仕事をするということです。

この「次工程はお客様」も、私の造語で、社内の環境を良くしながら、組織全体の仕事を合理化する仕組み（考え方）です。

「お客様に対して」となると、従業員の仕事は丁寧になるのですが、なぜか「従業員に対して」となると、その丁寧さがなくなってしまうのです。その丁寧な仕事を会社の中でも次工程

（次に仕事をする人）に対して行う、ということです。

例えば、誰かに仕事（資料作成）を頼まれたら、

「どのような資料を渡せば、その誰かの仕事がスムーズにできるようになるか？」

を考えて仕事をするということです。そのために、その誰かの目的を知らなければなりません。

仕事の合理化というと、業務の棚卸しを行い、不必要な行為を無くすなどという煩雑なことをしなければならないと考えてしまうのですが、ほしい結果を以前より短い時間で、以前と同じ成果（できれば、さらに良い）を出せるようにする、ということです。これと同じことがもっと手軽に、かつ、職場環境の改善も同時にしてくれるのが「次工程はお客様」という仕組みです。

さきほど、この「次に仕事をする人」のことを考えて仕事をする、とお話ししました。ただ、考えて分かることなら良いですが、分からない時には、次工程に「この○○は何に使うのですか？　どのように使うのですか？」と訊きかせるのです。そうすることで、前工程の従業員が「他（次工程）の従業員がしている仕事」を知ることになります。場合によっては、「うるさいな、とっととやれ！」と言う次工程の従業員もいるかもしれませんが、そういう従業員の仕事をやり易く、楽にしてあげることができるので、その後はそんなことは言わなくなります。

これで従業員がより多くの仕事内容を知ることができ、よく言われる「部門間の壁」「セク

ショナリズム」も壊すことができます。

例えば、総務部門の従業員が、営業部門の従業員から案内状の文書作成を頼まれたとします。その資料を封筒に入れて送ることが分かっていれば「印刷すればすぐに封筒に入るようなフォーマット」にしてデータを渡せば、次工程（営業部門）は内容を確認して印刷をすれば、案内状を送ることができます。

これだけで、総務部門が使う時間は今まで通りですが、次の人の仕事の時間が短くなります。それを総務部門が知らない、知ろうとしない、または、それを知っていても、次工程（営業部門）の利用方法のことを考えず、データを渡したとしたら、次工程（営業部門）は内容を確認した後に他人が作ったフォーマットを封筒に入るように編集する必要があります。私も経験がありますが、他人が作ったフォーマットを編集する作業には結構な手間がかかります。段ズレをおこしたり、編集中に文字、句読点を消してしまったり。

「感謝の輪」で仕事を合理化する

この「フォーマット」を編集する手間を省くことで、次工程にかかる時間が短縮されますし、この行為によって次工程は、「前工程に感謝」をしてくれます。そして先ほど怒っていた従業員も「だから私の仕事内容を訊いたのだ」と理解します。さらに、次工程の人が同じ行動をすることによって、次々工程にかかる時間が短縮されます。

「次工程はお客様」とは、あなたが、あなたの「次の仕事」を「知り」、「次の仕事」が「しやすい仕上げ」にして渡す、そして「次の仕事をする人」の所要時間が短縮され、かつ、「あなたに感謝」してくれるという、仕事を「感謝の輪で合理化」するという仕組みなのです。

業務の合理化、というと難易度が高そうですが、これならできそうだと思いませんか？

だれでもできるような仕事・仕組みにする

「この仕事は、〇〇しかできない」と言う仕事を見直してください。なぜ、従業員に残業をお願いするようになるのでしょうか？　もしかすると、その従業員は限られていませんか？

根本的に人手が少ないということが理由であれば、まずは「次工程はお客様」にて合理化を始めてください。それでも人手不足というのであれば、「こぼれない器創り」で「無駄なお金」をこぼさないようにして、人手を補充してください。

戻ります。その限られた従業員に残業をお願いする理由は、

「頼みやすい」

「その人しかできない、その人の仕事」

などという理由でしょう。

この「〇〇しかできない」という仕事を「誰にでもできる」仕事に変え、手の空いている従業員に任すことができれば、今まで一人でやっていた従業員の時間が生まれます。

そんなことは分かっている、とおっしゃられるでしょう。では、「マニュアル、作業手順書というものがありますか？」

「その仕事をあなたが他の従業員に教えたことはありますか？」

もしも書いた物がなかったり、教えたことがなければ、お手数ですが先にマニュアル、作業手順書を作成し、それを利用して教育を始めてください。そのために、

「入社して6ヶ月目の新入社員でもその仕事ができるようになるためにはどうすれば良いか？」

もしも6ヶ月で無理なら、どれだけの時間が必要なのか？ということを、最長入社1年以内で出来るようになるよう、「いつも残業で対応してくれている従業員」と話してみてください。

場合によっては、新入社員ではなくて、今いる従業員の誰か、と特定したほうがイメージが湧き易くなるかもしれません。その場合は、それを作ってから、後で新入社員と特定した従業員とのレベルの差を埋めてください。

こうすることで、その従業員が皆さまにいろいろな気づきをくれるはずです。そして、この皆さまの気づきにより、その仕事に対する見方が変わることでしょう。

一人でしかできない仕事が、二人ができるようになれば、病気などになっても対応できますし、それが○○を見たらできる、となれば、他の従業員に新しい仕事を学ばせ、成長させることが容易になります。さらに、時間配分を調整することにより、従業員の業務時間が適正化さ

れ、人生の中で「貴重な時間」を贈ることができます。

同じ時間がかかるなら、価値の高いほうを選ぶ

そして、ここまで出来上がったら、

「同じ時間を使うのであれば、価値の高い仕事を選ぶ」

ということろまでレベルを引き上げてください。これは相手（お客様）があることですので、言うのは簡単ですが、実行することは簡単ではありません。しかし、これも従業員まで「時間の大切さの意味」を浸透させれば、可能となってくるはずです。

「価値が高いほうを選ぶ」と書かせていただきました。

これは、「利益が高い」という意味での「価値が高い」もありますが、ここでは、こちらの仕事を受注したほうが、「新しい技術を学ぶ、学ばせることができる」、「複数の部門との連携が必要となるので、チームワークを強めることができる」、ということもありますし、効率の悪い仕事であれば「受注せず」、その時間を「従業員の教育に使う」などの皆さまの会社の将来・従業員の将来にとって、どうすることが「価値が高いかどうか？」という判断が必要であるということです。

一言で言えば、「時間利用の優先順位」を考える、ということです。

若い従業員にとっては、時間は無限のように感じるかもしれませんが、私も含め、経営者の

皆さまにとっては、時間はもう残り〇〇年しかない、と感じている人もいるはずです。人生100年と言っても、何歳まで元気でいられるかも気になるところです。

ここ数年スポーツジムに行くと、ひと昔前は若い男性が中心だったのが、徐々に女性が増え、現在においては、私が通っているトレーニングジムでは60歳以上の人たちが1／4を超えるようになり、まだまだ元気にトレーニングをされていますが、その合間に終活の話をしているのを耳にするようになってきました。

このように楽しみながらトレーニングをしている人たちは、「理想の引退」をして、健康で安らかな生活を送られて行くのでしょう。

時間を作らなければ、健康維持をするためにスポーツジムにも行くこともできません。
時間は止まってはくれません。病気になってからでは、健康維持はできないのです。
時間は「仕事」においても「人生」においても、最も「価値あるもの」のです。
大切にしましょう。

5. 成果は皆で分け合う〜お金だけでは人は成長しない

一番先に思い浮かぶのが賞与（ボーナス）でしょう。

特に目標を決めて、それを達成したら・・・、という考え方、方法も一般的です。ただ、申し上げ難いのですが、それが少しずつ変わってきているようです。

ついつい経営者は、○○（目標）ができたら○○円（報酬）と考えてしまう癖があります。私もそうです。特に、営業に対しては期末の追い込みのためにキャンペーンと称し、ボーナス以外に報奨金を出したこともありました。ただ、それは一時的には有効かもしれませんが、それを続けてしまうと感覚が麻痺してしまい「無駄なお金」になってしまうことがあります。

例えば、1月、2月、3月の売上目標が、100万円、100万円、150万円であったとします。営業マンは良く知っていて、1月、2月の目標を達成しても「良くできました」で終わるが、期末の3月には会社は期末の追い込みキャンペーンをするので、目標を達成すれば○○円がもらえる、もしも目標の50％増しであれば、100％増しであれば、ということで1月、2月に上げられる売上を3月に後ろ倒しする、ということがあるのです。

これは、無駄なお金でもあるし、1月分、2月分が3月分にずれ込むわけですから、会社の資金繰りも悪化しますので、やるなら、麻痺しない程度に実施してください。

この方法は成果を分け合うということでは、その通りです。ではこの会社全体の雰囲気はどうなるでしょう？

「達成した者だけが喜び、未達成の者は悲しみ、そのキャンペーンの対象にならない者たちは会社に不満を持つ」

これがキャンペーン後の会社の雰囲気です。そして、達成した者の喜びは短い時間のうちに消えてしまいますが、それ以外の者たちの悲しみと不満はそう簡単には消えません。

例えば、これを「チーム達成」というようにすれば、少々雰囲気は変わるでしょう。しかし、ここで設定しなければならないのは「会社全体の目標」で「全チーム参加（営業部門だけでなく、生産部門も管理部門も参加できる）」の形にした目標を設定し、皆で成果を分け合うことであり、これが皆さまがよく口にされる「全社一丸」を創り上げることにつながるのです。この方法については第8章にてお話しさせていただきますが、これは成果を「お金」で「分け合った」場合の話です。

価値ある山分けのしかた

では、この他にどのような「分け合い方」があるかを挙げてみましょう。

人には困った人を助けたい、誰か、何かに貢献をしたいという想いがあります。特に皆さまのお子さま、お孫さまというように若い世代ほど「お金」よりも、「社会貢献」「自由な時間」

「やりがい」「成長」「経験」ということに重きを置く人たちが増えてきているようです。これで分け合うものが「お金だけではない」、ということにお気づきになられたことでしょう。

私は思った通りの成果が出ると、すぐに寄付をしたくなります。それくらいしかできないので。ただし、そんなに高額なものではありません。車いすなどを戦後の日本をずっと支え続けてきていただいた大先輩のために。すると、その市町村の広報などでその記事を掲載していただけることがあります。その記事を見て従業員が喜んでくれるのです。そして、その記事を見た人から「あなたが勤めている会社は良いことをしている」と言われることで、自分が働いている会社は成果を上げると地域に良いことをしてくれる。この想いが、自身が地域社会に貢献している、という実感につながり、「良い会社」で働いているという誇りにもつながるのです。

また、これまでにＳＤＧｓに関するお話しをさせていただきましたが、ボランティア、寄付ということではなく、このＳＤＧｓ17のゴール、１６９のターゲットの達成に向かって会社が動いている、ということも従業員にとっては価値があることであると思いますので、是非、山分けの方法の一つとして考えてみてください。

また、「時間」「経験」で考えるなら、達成チームに特別休暇と旅行をプレゼントしたり、「やりがい」とするならば、目標を達成したら、やりたい事業を始めて良い、などと、従業員の価値観、大切にしていること、したいことに合わせて「分け合う」ということもできます。

残念ながら、「お金を分け合う」だけでは、「従業員は成長しません」し、従業員が自ら考えて動くようにはなりません。

なぜなら、「お金」だけの山分けは、過去に対しての「報酬」であって、未来に対する「投資」にはつながらないからです。

また、社会貢献、地域の困った人を助けるという前に、会社の中にも困った人がいるはずです。このような「分け合い方」をすれば、社会貢献から会社貢献、従業員貢献にもつながり、会社のコミュニケーションは良くなり、結果、会社の力は強くなり、その価値が高まります。

新規事業の実施、成果を出せばやりたいことができる、やるべきことをやり切れば好きなことができる、という「価値ある目標設定」となり、その結果、成功体験、達成感を味わわせることもできます。当然のことながら、その新規事業は従業員が自らが考えて動かして行きます。

そして、ここから新しい利益が生まれることさえあります。もしも、「お金」そのものを渡していたら、決してこのようなことは起きません。


思い出してみてください。ここで使うお金は、全て「無駄なお金」、「こぼしていたお金」を、皆で分け合っただけです。

それで、以前よりはずいぶん利益が残るようになったはずです。

そして、以前よりもずっと従業員は成長しているはずです。

つまり、「理想の引退」の日に向かって「企業価値が高まっている」ということなのです。

第7章

実践：大まかな計画を作る

1. どんな会社と言われたいのか～理念、在り方
～あなたの生きた証を残す

会社には「経営理念」や「企業理念」というものがあるはずです。

では、「経営理念」とは何を意味するのでしょうか？

少々畏まって表現しますと、経営者の想いや信条を表わす経営を行う上で大切にする根本的な考え方であり、創業者の想いを掲げている場合が多いようです。

そして「企業理念」とは、会社が大切にする考え方や価値観・存在意義などを表わすものであり、従業員全員に伝え、行動や意思決定の基準となるもので、経営理念を企業理念に反映させることが一般的なようです。

と、このように2つの言葉を説明させていただきましたが、この本の中では、この2つをまとめて「企業理念」と表現でさせていただきます。

理念とは、経営者のわがまま

「企業理念」をもう少し分かり易く、違った言葉で申し上げますと、

「この会社はどんな会社と言われたいか？」

「どんな会社で在り続けたい（在り方）か？」

ということであり、皆さまの会社経営に対する信念、「わがまま」を文字で表したものであり、常に「立ち帰る」場所である、と言うことができます。

そして、この「企業理念」は、従業員全員に伝える、浸透させることが大切ですので、分かり易く表現することも必要です。

あなたがいなくなっても、想いは受け継がれる～生きた証として～

第5章の「承継者との価値ある4日間」の1日目に「企業理念」を承継者と一緒に確認、見直していただきたいとお話ししました。その承継者と話し合う前に、あなたの想いをまとめていただきたいのです。

もしも、売却をするご意向であったとしても、引退をする前に、あなたの想いをまとめて従業員に伝えてほしいのです。そうすれば、あなたがいなくなったとしても、その「大切な想い」は未来に受け継がれますので。

参考のため、私が支援をしていた経営者のお話しをさせていただきます。

彼と初めて出会ったとき、彼はまだ20代後半で起業家を支援するという仕事を熱心に進めていました。そして、30代となった今では数千社の起業支援を行い、日本を代表する企業家に成長しています。その彼と初めて出会った時、「どうして今の会社を立ち上げたのですか？」という私の問いに、彼はこんな衝撃的なことを言ったのです。

「大学を卒業し、一般企業に入社したのですが、その後、病気になり、自身の余命が数年であると感じ、その企業を辞めて会社を創ることにしました」

「なぜ、会社を?」

「会社は誰かに引き継げば、自分の想いは受け継がれ、自分の想いは死なないからです。自分の生きた証が残るからです」と。感動しました。この言葉を聞いて、彼を支援することを決めました。

結果的に、彼はその病との戦いに勝利し、現在も活躍しているのですが、素敵な想いであり、決断と行動であったと思います。

彼は余命数年と考え、自分の想いを未来に引き継ぐために「生きた証」を残すために、誰もが知る超一流企業を辞め、自身の会社を設立したのです。

こんな想いで「企業理念」を見つめ直し、「理想の引退」の日を迎えていただきたいと願っております。

あなたの生きた証として。

生きた証は、わがままの集大成

では、理念をどのように創るか、若しくは見直すか? についてお話しさせていただきます。

まずは、好き勝手に皆さまの、

「会社をどのようにしていきたいか？」

「どのような会社で在るべきか？」

「何を大切にする会社で在りたいか？」

を箇条書きに書き出してみてください。そして、そこには、なぜ会社を創ったか？という想いも、先ほどの項目とは別に書き出してください。創業者ではない皆さまにおいては、社長就任時に決めたこと（決意）、夢見ていたことを別に書き出してください。

まとめる項目はあと3項目ありますので、今書き出した項目の右に3つの欄を作ってください。

では、その書き出した内容の右に①「なぜ、そうしたいのか？　そう在りたいのか？」をそれぞれ書いてください。

その右に、②「いつまでに」という期日を書いてください。ここでは、2つの表現があると考えています。1つは「○○○○年までに」などの具体的な期限があるものともう1つは「会社ある限り、ずっと」という2つです。

そして、最後に③「わがまま度（こだわり度、固執度）」のレベル分けをしてみましょう。

A：絶対にそうしたい、そう在りたい
B：できればそうしたい
C：そうなってほしい

これで整理はできました。

別に書き出した「創業時」の想い、「社長就任時の決意、夢」も同様に整理してみてください。

ここで、
②に「会社ある限り、ずっと」
③にA
を付けた項目が、皆さまの会社の「企業理念」として掲げるに相応しい内容となるはずです。

そして、①に期限を入れた項目については、「企業理念」に含めるか、次節以降でお話しする「ミッション（使命）」「ビジョン（目標）」にするかを考えましょう。

わがままに化粧をする

では、いくつの項目が「企業理念」に相応しい項目となったでしょうか？

そのままでも良いのですが、これは、
・従業員に伝える内容なので、分かりやすい表現が良く、方向性が分かり、浸透させることによって会社の活動がやり易くなるような内容として表現できると、さらに良くなります。
また、
・地域社会に貢献するような言葉が含まれている
・この理念の中に、仕事を進めて行く上でのヒントがあるとすると、より価値のある形となりますので、いろいろと考えてみてください（お好きな会社のホームページを検索していただくと各社の内容を見ることができます。会社によっては「経営理念」「企業理念」「スローガン」「ステートメント」などと称されています）。

そして、もう一つ、是非とも、この「経営理念」、「ミッション」、そして、「ビジョン」に織り込んでいただきたい内容があります。

それは、第4章、第5章にて、少々触れさせていただきましたSDGsについてです。

SDGs17のゴール、169のターゲットを視野に入れる

2015年に国連にて加盟国193ヶ国全国一致で採択されたSDGs（Sustainable Development Goals：持続可能な開発目標）。これは2030年までに世界中の人たちが達成しなければならない価値ある目標です。

この内容について、この本では詳しくお話しすることはできませんが、是非とも内容を確認いただき、そこに示された17のゴール、169のターゲットを視野に入れ、「企業理念」を見直し、紐づけていただきたいのです。そうすることにより、さらに価値がある内容、表現となり、「従業員教育」「採用活動」も今よりやり易くなりますし、さらに地域の皆さま、外部の関係者の皆さま、そして、まだ見ぬお客様に対しても、皆さまの会社の素晴らしさを今まで以上に伝えることができるようになります。

また、「普通」「価値観」の違いということもお話しをさせていただいておりますが、このSDGsについては、特に、若者層には受け入られ易い内容であるため、価値観を共有することにも利用できるはずです。

私ごとになりますが、実際にクライアント様と「大まかな計画」を作成する場合、「理念」の見直し、「ミッション」「ビジョン」の設定をする際には、SDGs17のゴール、169のターゲットを視野に入れ、

・できること
・したいこと
・しなければならないこと
・してはいけないこと

を整理することにより、社内だけでなく、自社外（取引先、お客様など）に対しても分かり易く「理念」「ミッション」「ビジョン」「事業計画」が伝わるようにしております。

特に、今回の「大まかな計画」を作成する時には、承継者とこのSGDsを理解した上で一緒にこれからの「会社の在り方」と「10年後までの計画」（目指すべきゴール）を策定することにより、バトンタッチがスムーズになりますので、ここまでを「承継者との1日目の打ち合わせの前まで」に準備し、仕上げておいてください。

未来を託す

そして、当日には、先ほどお話しした流れで

「会社をどのようにして行きたいか？」

「どのような会社で在るべきか？」

「何を大切にする会社で在りたいか？」

それに、

「この会社で『変えなければならない』ことは何か？」

を加えて伝え、承継者の想いを聞き出し、承継者のわがままをまとめて見てください。

十分に、承継者の意見を尊重し、あなたがいなくなった後に、あなたの意志が受け継がれ、かつ、承継者の想い、つまり決意が表現された言葉を「企業理念」とすれば、「理想の引退」の日を迎える準備を気兼ねなく始めることができるはずです。

2．どんな地域の課題を解決したいか〜ミッション

ミッション、日本語にすると「使命」です。「使命」と言うと、とても高尚な言葉にも聞こえてしまうかもしれませんが、この表題のとおり、皆さまの会社で、仕事で、「どんな地域の課題を解決したいか？」ということと考えてください。

ともすると、現在している仕事では直接的に解決できないこともあるかもしれませんが、それでも構いません。先ほどお話ししたＳＤＧｓ17のゴール、１６９のターゲットを確認していただき、

・自社であれば、自社の資源（ヒト、モノ、技術、お金、時間、情報、ネットワーク）とノウハウを生かし、２０３０年までには17のゴールの内の〇番の〇のターゲットを解決したい、だから〇〇をミッションとしよう、という

「フォアキャスティング（現在から目標を定める方法）」からの設定と、

・この会社では、地域の課題でもある〇番の〇のターゲットを解決したいので、これを目標としよう、という

「バックキャスティング（在るべき目標を先に決める方法）」からの設定の双方があると良いでしょう。

また、一般的に、「企業理念」には期日を設けませんが、この「ミッション」においては今期、中期、長期、そして期限を設けない「ミッション」を定めることがあります。なぜなら、一つ目の使命が完了したら、次の使命に取り組むということもありますし、時代の流れによって地域の課題が変わっているのに使命が変わらないというのもおかしな話ですので。

また、ここでは地域の課題に無理やり結び付ける必要はありません。皆さま、そして承継者が素直に何を考えているかを話し合い合意した内容としてください。それが、日本の課題であっても、世界の課題であっても構いませんが、あまりに抽象的、もしくは雲の上のようなことを目指す表現になってくるとそれを聞いた従業員が何を言っているか分からない、ということになってしまいますので、少なくとも、従業員が「この会社はこれをしたいと考えているのだ」「私たちはこれをしなければならないのだ」と分かってもらえるような表現にしておいてください。

ここで広がりのあるミッションの創り方について、一例を。

桃太郎のミッションは？と訊かれたら、直ぐに思いつくのが「鬼退治」です。では、その奥にあるものは何か？と考えると見えてくるものがあります。

では、「なぜ、なぜ、なぜ」で深堀りをしてみましょう。

なぜ、なぜ、なぜで本質を探る

なぜ、桃太郎は「鬼退治」をするのか？　と考えると、それは「地域の安全を守るため」と言うことができます。

なぜ、「地域の安全を守りたい」のか？　と考えると、それは「地域の人たちが安心して暮らし、こどもたちが安心して遊べる、学べるようにするため」。

そして、なぜ、「こどもたちを安心して遊ばせ、学ばせたい」のか？　と考えると、それは「こどもたちに出来るだけ多くの経験をさせ、心身ともに健康で、必要な学びを得た大人に成長してほしいため」などと続けることができます。

これを皆さまの仕事に置き換えて、例えば、

「なぜ、この会社を設立したのか？」

「なぜ、この会社はこの仕事をしているのか？」

「なぜ、この会社はこの地域で商売をしているのか？」

そして、

「この会社、仕事で、どんな課題を解決することができるのか？」

というように、

・現実から追って導かれたもの

・現実は一旦横において、皆さまが解決しなければならない、解決したいと考えている課題

この2つをじっくり見つめて、ミッションを創り上げてみてください。

パートナーの誕生

ミッションを創る、設定する上で重要なことは、承継者との方向性を合わせ、合意するということですので、お二人で十分に話し合うことが必要となります。

そして、中期のミッションを設定することができれば、それを基準として、承継者の育成スケジュールも同時に作成することができるようになります。

この段階で承継者というだけの存在ではなく、一緒にミッションを遂行する「パートナー」とすることができるでしょう。

なぜならば、一緒にこれからの会社のミッション（使命）を掲げた者同士なのですから。

3. 10年後の売上と利益と従業員の数は?～ビジョン

ここまでで大きな枠組みができました。

ここからは、少し手間のかかる作業にはなりますが、この計画があるのとないのでは、未来の形が全く違ってきますので、しっかりと取り組んでみてください。

先ほどまでは「想い」という数字では表すことができない会社の大切な在り方(考え方)、そして、行動目標を決める作業を承継者と一緒に進めていただきました。ここからは、その想いを具体的に「数字」で表し、より「見えやすい形」に落とし込んでみたいと思います。

フォアキャスティングとバックキャスティングで目標を創る

ここでは、2つの数字目標を設定します。

さきほどのミッションのところでお話しした2つの思考方法で目標を創ってみましょう。

・皆さまがこのまま事業を進めていったら、10年後どうなっているか? 現状から10年後を追ったらどうなるか? という数字

・もう1つは、「企業理念」を作成、見直しするときに「想い」として語られた「10年後、(将来)どう在るべきか?」という数字です。

10年後はこうなっていなければならない、こうしたい、という数字を掲げてみてください。また、皆さまの会社のミッションを果たすために達成しなければならない数字でも結構です。前者を、フォアキャスティングから計画を策定する方法、後者を、バックキャスティングから計画を策定する方法と呼ぶことにします。

せっかく目標を設定するなら、今までの延長上にあり「手を伸ばせば届く目標」ではなくて、こう在るべきという「本当になりたい姿」を目標にし、それにどうすれば近づくことができるか、どうすれば手が届くようになるのか？　という数字を目標とし、それを実現するために、常に「どうしたら良いか？」を考え続けることが、さらに「会社の価値を高める」ことにつながります。いままでの延長線上では、その価値を大きく高めることは難しいと考えますので。

では、数字を設定してみましょう。

フォアキャスティング（以下、Fと呼びます）とバックキャスティング（以下、Bと呼びます）を織り交ぜて、数字を設定することにします。

①　現在の「売上高、原価、売上総利益、販売管理費、（内）人件費、営業利益、従業員数」という7つの数値

②　10年後のBでの上記7つの数値

③　7年度のBでの上記7つの数値

④　4年後のBでの上記7つの数値

⑤ 来年（1年後）のBでの上記7つ数値を、順に書いてみてください。

次に、今度はFでの上記の数字を、①→⑤→④→③→②の順で書いてみてください。

同じ番号の②③④⑤ですが、時間を追うごとに、BとFとの差（ギャップ）が大きくなっているのが分かるはずです。

特に、ここでは、「売上高」「営業利益」「従業員数」に注目してください。

ここで、このギャップをどのように埋めるのか？という部分をお話し出すと、もう1冊本が必要となってしまいますので、そのBとFで設定した目標について、これからどのように皆さまの経営に利用すれば良いか、ということについてお話しをさせていただきます。

「これまでに10年後までの計画を作成されたことがありますか？」

なかなかそこまでの計画を作成されたことのある皆さまは多くはいないと思いますし、

「3年後のことだって分からないのに、10年後の計画なんて創っても意味がない！」

とおっしゃられるかもしれません。

その通りです、と言ったら、ここで話が終わってしまいますが、では「企業理念」と「ミッション」を掲げるだけで、皆さまの会社の従業員が、皆さまが望むように行動し、皆さまがほしい結果を得ることができるでしょうか？

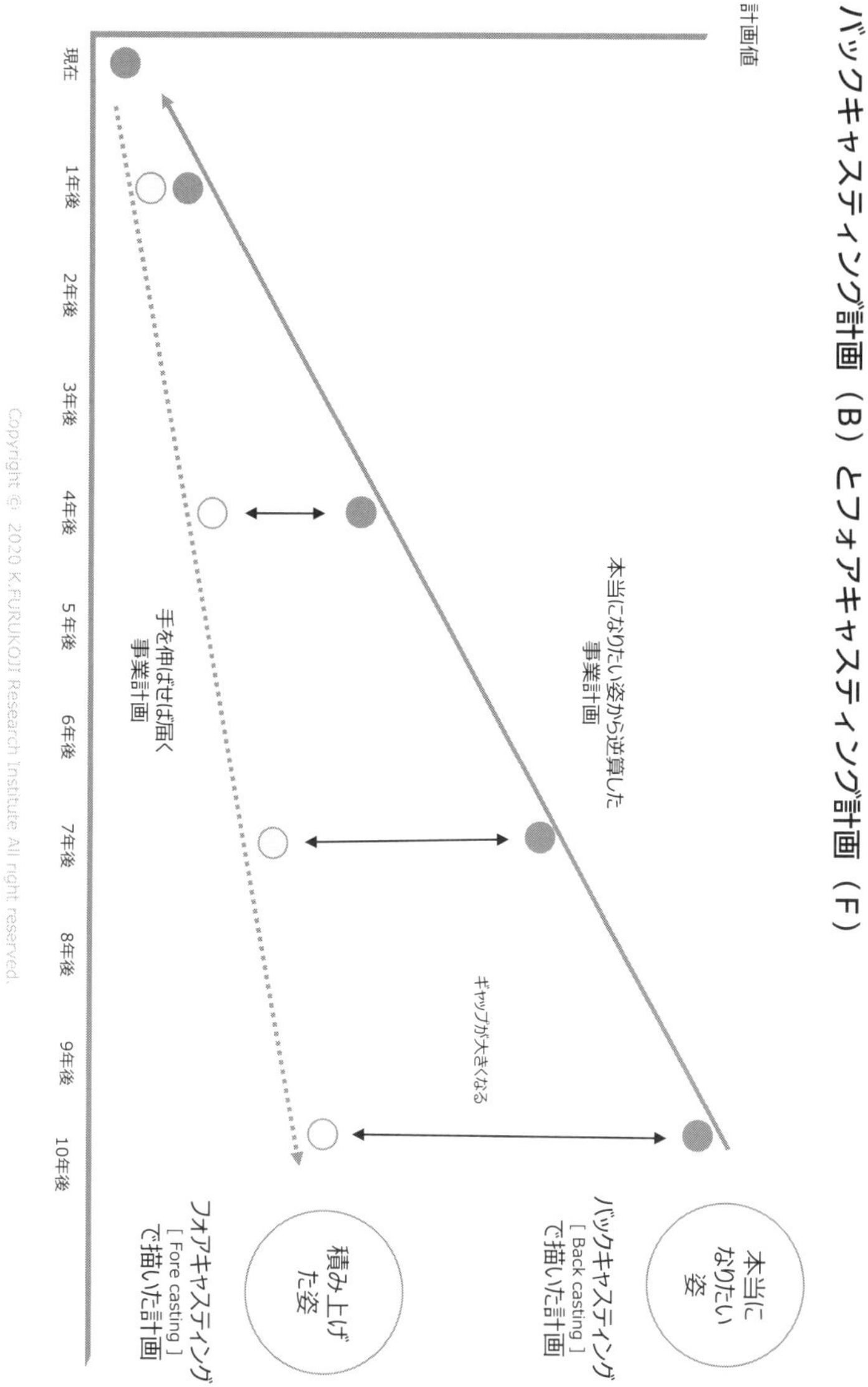
バックキャスティング計画（B）とフォアキャスティング計画（F）
計画値
現在
1年後
2年後
3年後
4年後
5年後
6年後
7年後
8年後
9年後
10年後
本当になりたい姿から逆算した事業計画
手を伸ばせば届く事業計画
ギャップが大きくなる
本当になりたい姿
バックキャスティング
[Back casting]
で描いた計画
積み上げた姿
フォアキャスティング
[Fore casting]
で描いた計画
Copyright © 2020 K.FURUKOJI Research Institute All right reserved.

目指す山があるから、その山を登る

1年後の目標だけで設備投資や人材採用の計画を立てる勇気がありますか？　私には、怖くてそんな計画で大きな投資をすることはできません。

例えば、1年間（12ヶ月）の売上目標を15000万円とした場合、

上期（6ヶ月）で6000万円、下期（6ヶ月）で9000万円

上期の6000万円を第1四半期（3ヶ月）で3000万円、第2四半期（3ヶ月）で3000万円

下期の9000万円を第3四半期で4000万円（3ヶ月）、第4四半期（3ヶ月）で5000万円

そして、第1四半期（3ヶ月）で3000万円を4月800万円、5月1000万円、6月1200万円と月々の目標へ落とし込み設定し、もしも、4月の800万円が700万円で終わってしまったら、5月に差額の100万円を乗せて1100万円の目標にしようなどと翌月以降で「調整をしよう」とするはずです。そこで、上乗せした数字を「達成するためには何をしなければならないか、どうしたら良いか？」と戦術を練るはずです。

なぜ、このように考え、そして、行動をするかと言えば、「この1年間で、15000万円の売上を上げる」という「目標を立てた」からです。

例えが長くなってしまいましたが、10年の計画もこれと同じです。目指す山（目標）がある

から、そこに向かおうとするから、向かうことができるのです。だから、そこで、「足りている、足りていない、どのようにして対応しよう」と考えるようになるのです。

目指すものがなければ、このようなことは考えないはずです。

「1年後にはこうしよう！と毎年度立てている計画」を、「10年後にはこうしよう！という計画」として作成し、毎月の凸凹を翌月に調整していたものを、翌年の調整にし、毎週の凸凹を翌週に調整していたものを、翌月の調整にし、毎日の凸凹を翌日に調整していたものを、翌週の調整にするというように広げて、「365日の計画」が、「3652日の計画」にするだけです。

いかがでしょうか？

そして、世の中（マーケット、お客様の趣味嗜好、志向など）が変わったら、そこでプロセスの調整を行い、「どのようにして」目指す山の頂上に辿り着くことができるのか？をその時に見直せば良いのです。

この将来に向かって考える「どのようにして」が大切なのです。

Bで10年間の計画を創る目的は、登る山を決めることであり、これを決めることにより、Fで作った計画とのギャップを明確にし、計画に対する正しい進捗管理ができるようにすることです。それを承継者と一緒に創っていただきたいのです。そして、この計画を創る価値とは、

「どのようにして頂上まで登るか？」ということを「10年間考え続ける」ことで、「今までとは違った思考」で仕事に取り組めるようになることです。

Fだけで作った計画を追うだけでは、決して、このようにはなりません。

常に「どのようにして……」を考え続ける組織創り

これで、「大まかな計画を作成する」目的とその価値、そして、どのように経営に利用するかはお分かりになっていただけたと思います。

私の場合、このような計画を作成するときは、出来る限り協力者（一緒に取り組んでくれる仲間）を増やすために、1泊2日で幹部との合宿を行います。

1日目は13：00～

2日目は9：00～15：00

1日目のスケジュールは、

・なぜ？この10年計画を創るのか？

・10年後の姿「数字」の披露―Bの数字を披露してください

・質疑応答―なぜ、Bの数字を目指すのかを理解させます

可能であれば、皆さまと承継者がこの質疑に応答するようにしてください

・幹部たちとの対話による10年後、7年後、4年後、1年後の主な数字の仮決定

・幹部たちでの「どのように」の議論、調整
・宴会
2日目のスケジュールは、
・10年後、7年後、4年後、1年後の主な数字を実現するために、会社に準備してほしいもの、ことを挙げる
・4つの計画の作成（10年後、7年後、4年後、1年後）
・幹部の決意表明
というような感じです。

こうすることで、さらにパートナーが増えることになります。

このような幹部らとの重要な議論を日常業務の中で進めることもできるのですが、特に地方にいると車で帰らなければならないとか、夜遅くはタクシーまたは代行が捕まらないなど、という理由で、お酒も飲めないですし、時間が気になり、ゆっくりと膝を付け合わせ、本音を曝け出すような深い議論もできないことから、合宿とし、そのような障害を取り除いて、じっくり皆が話をできるようにするのです。

とても素敵な時間になります。

4．何が足りないか、何が他社より勝っているか？
～良いところを圧倒的に伸ばす

これは勉強なさっている経営者の皆さまにはＳＷＯＴ分析といえば良いのかもしれませんが、ここでは少し違った見方をしてみることにします。

良いところを伸ばす

競合他社と自社とを比較をするとき、なぜか最初に相手が勝っている所に目がいってしまいます。そして、誰かに訊かれると、やっと自社が他社に勝っている所に目がいくようです。では、「他社が勝っているところに、皆さまの会社が追い付く」ことでその勝負に勝つことができるのでしょうか？

「皆さまの会社が、既に他社より勝っているところを、さらに強くする」ということで、勝負に勝つことはできないのでしょうか？

受験勉強であれば、科目ごとに満点が〇〇〇点と決まっていますので、例えば５科目で５００点、１科目１００点という設定であれば、１つの科目がどんなにできても１００点ですから他の４科目で点を取らなければ良い点数を取ることができませんが、皆さまの勝負ではいかがでしょうか？

例えば、会社が作る商品、提供するサービスに目を向けて、他社のレベルに追い付けば、必ず、勝負に勝てるということであれば、追い付くために自社の資源を使っても良いと思います。もしもそうでないのであれば、「皆さまの会社が勝っているところ」に目を向けてはみてはいかがでしょうか？

ともすると、営業部隊は他社が勝っているところを理由にし、自身が負けたことを正当化しようとします。それは、単なる言い訳です。そこで、他社の勝っているレベルまで皆さまの会社の商材のレベルを引き上げたとしても、また営業部隊は別の他社が勝っているところを持ち出して言い訳をすることでしょう。

言い訳ができないようにして、やらせる、という方法もありますが、それよりも、「皆さまの会社が勝っているところ」を他社より「圧倒的に」勝るためには、今ある資源を最大限利用して「何ができるか？」を考えたほうが建設的で実現の可能性も高いはずです。

「安い、早い、上手い」の3拍子は、良いところだけをアピールしているのです。ともすると本来は10拍子（要素）ある中の3つかもしれません。もしも、この3拍子が全てのお客様にとって重要な3要素であれば、一人勝ちのはずです。

圧倒的に

ここで、「安くて、早いのだけれど、とても品質が良くない（不味い）」というのであれば売り難いでしょうが、「安くて、遅いのだけれど、圧倒的に美味い」ということであれば、買っていただけるお客様もいるはずです。「圧倒的に」安い、「圧倒的に」美味い、ということであれば時間に余裕のあるお客様であれば、こちらを選ぶはずです。

そこで、その「圧倒的に」になるために、何が足りていないか？　を考えてみてはいかがでしょう。言い方を変えると、どうしたら「さらに、お客様が喜んでもらえるか？」を見極めるということです。

時には、要らないものを減らして安くする、または、要るものと入れ替えて、価格は同じとする、という方法もあります。

すべて、必ず「お客様目線」で考えてみてください。

また、この「圧倒的に」という部分は、皆さまの会社が品定め（会社を売る場合）をされる時に評価されるポイントになるはずです。なぜなら、この部分が皆さまの会社の独自の技術、ノウハウ、セールスポイントとなりますので。

そして、従業員も良いところを伸ばすほうが、楽しく働き、成長してくれるはずです。

そして、「この圧倒的に」と「企業理念」、「ミッション」、「ビジョン」が重なることにより、皆さまの会社に「圧倒的な企業価値」を付けてくれることになるでしょう。

5.「売上は少なめ、経費は多め」が大原則
〜どんな計画でもキャッシュ(現金)が命

第5章では1、2、3年後の計画を作成し、承継者と1年後、4年後、7年後、10年後にどうなっていたいのか？を話し合ってください、とお話ししました。そして、本章ではF（フォアキャスティング）とB（バックキャスティング）での計画についてもお話しをしました。

まず、1、2、3年後の計画を作成するに当たっては、まずはFにて作成することとしてください。ここでは、3ヶ年計画を現状から追って現時点で考えられる最大値の積み重ねを作り、そこに「こぼれない器創り」を取り入れた場合にどのような数字になって行くのかを確認いただきたいからです。これは、10年計画を作成するための前準備と考えていただければ良いでしょう。ここまでの数字がFにて作成できないと、Bで作成した10年計画との差（ギャップ）を正しく測る「物差し」がなくなってしまいますので。

計画を作成する上での大原則

「売上は少なめ、経費は多め」これが計画を作成する上での大原則です。これを逆にしてしまうと、計画が上手く行かなくなった時点で会社は傾く、資金がショートすることになります。

ただ、その少なめ、とか、多めという数字には「意義、理由」がなければなりません。

私の場合は、常に、Ｂ（バックキャスティング）で考えてしまう癖があるので、

「○○○（現状）なので、（不可能）」

という言い訳をするのではなく、

「この会社を○○○にしたいので、来期は○○○という目標とし、これから○○○（更なる行動）する」

ということからのスタートになります。そのため、人員も増やす計画を作りますし、それに対する販売促進費なども、目指す数字に合わせて増やして行きます。

するとどうなるかと言うと、経費が膨らみます。売上はというと、目指す目標と同じ数字ですから、当然、売上も膨らんでいます。ただし、決して、そこに表記された「売上」と「利益」を鵜呑みにして計画を完成させることはありません。

よく見かける計画としては、

「売上目標は、前年比１０５％」だから

「粗利目標は、前年比１０５％」「営業利益目標は、前年比１０５％」……

「全て、前年比１０５％」などという数字を、皆さまが、

「経営で利用する計画に使っては絶対にいけない！」

ということをお伝えしたいのです。

この考えは、Ｂで作った計画でも、Ｆで作った計画でも同じことです。

では、どのように創れば良いかと言いますと、例えば、

今年度の売上：**1000百万円**、粗利：300百万円（30％）、販売管理費：250百万円（25％）、**営業利益50百万円**（5％）としましょう。

来年度の計画では、60百万円の営業利益を目標としたいので、売上を2割増やして、

売上：1200百万円、粗利：360百万円（30％）、販売管理費：300百万円（25％）、**営業利益60百万円**（5％）

という立て方では、**絶対にしてはいけません**。

単に、全てに20％を乗せただけで、何のリスクも考えないので、成長につながりません。

ここで、

売上：1000百万円、粗利：300百万円（30％）、販売管理費：300百万円（30％）、**営業利益0百万円**という、

「売上が未達（今年度と同じ）、経費は予定通り」とすると、「営業利益0万円」になります。最初の計画では60百万円でしたが。

これであれば、万が一の時（売上が変わらない時）にでも会社は傾くことはないだろう（＝来期の営業利益が0以上　※ここでは営業外損益、借入金の元本返済などは、一旦無視しています）、ということで、来期の販管費300百万円を設定してください。

ご存じの通り、売上・粗利を上げるのは難しいのですが、経費を使うのは簡単です。

これが第一ステップです。
次に、粗利率の30％をどうにかして33％にすることができないか？　を考えます。
これができると、
売上：１０００百万円、粗利：３３０百万円（33％）、販売管理費：３００百万円（25％）、
営業利益30百万円
となります。
そして、先ほど設定した３００百万円の販売管理費をどうようにしたら２７０百万円にすることができるかを考え、最終形では、
売上：１０００百万円、粗利：３３０百万円（33％）、販売管理費：２７０百万円（27％）、
営業利益60百万円
という形を作るために、どのような年度の活動方針にするのかを考えるのです。
流れとしては、
①計画Aを作成する（売上、利益の希望値、これに合わせた原価、販売管理費で営業利益を算出する）
②計画Bを作成する（売上は少なめ、経費は多め：計画Aの通り）で作成する↓利益が出るかどうか？の確認（※キャッシュベースでの数字も掴んでおいてください）
③どうしたら、Bで、Aと同じ営業利益が出せるかを考える

ということです。

ここで、計画Bの段階で赤字になるようでしたら、経費を見直しても構いませんが、もう少し、読み進めてから考えてください。

計画づくりは先行投資と人財育成の絶好のチャンス

申し遅れましたが、このような計画は経営者の皆さまが目指すべき数字を会社幹部に伝え、彼らが組み立てるようにしてください。

私の場合は、売上よりは他の（目指すべき）指標を重視しますので、例えば、その指標が「シェア」と「営業利益」とすれば、その2つの数字だけを伝えて、あとは幹部に任せ、そこから出てきた数字を前述のストーリーで引き直し、BをAと同じ営業利益にするための販売管理費の見直しについても、幹部に考えさせるようにします。

最初のうちは、1つの数字は達成、もう1つは未達という内容で提出されることもありますが、そのプロセスで、どうすればその目標数字に辿り着くことができるかを考えさせることが重要なのです。

この考え方で計画を作成することで、さらに「こぼれない器創り」に拍車がかかるということになりますし、万が一のことが起きた時のリスク回避もできるようになります。

そして、経営を行う上で大切にしている「先行投資」と「人財育成」ができるということな

のです。それは、

今年使った販売管理費250百万円を来期300百万円にするということは、300－250＝50百万円を「先行投資と新しい経験、人財育成」に利用できる、ということです。

ここでは、ベースが20％売上を上げるということから始まっていますので、この50百万円は

① 人員の追加

② 販売促進費の増加

③ 売上増加に伴う流動経費の増加

に振り分けられるはずです。

①は「先行投資」で、②が新しい経験という「人財育成」です。

特に、②については、目標が高くなればなるほど、

そこへ辿り着くまでのストーリーを考え、商品開発、販促ツールの作成、販路の拡大などいろいろとアイデアを絞り出します。そして、その数字を得るために、自身で考えるだけでなく、いろいろな外部の業者などと打ち合わせることで、新しい知識を得、その内容を深く知ることになります。

そして、一旦の数字を出させ、そこでBをAと同じ営業利益にするための販売管理費の見直しをさせることにより、その提案の中での優先順位を考え、「より効果的なお金の使い方」を考えるようになり、従業員の成長とともに、ここでも、さらなる「こぼれない器創り」に拍車

がかかることになります。

そこで、皆さまと幹部とで最終の打ち合わせをして幹部との合意を得て「来期計画」とすれば良いのです。このようにして計画が創られた「来期という1年」の間に従業員は大きく成長することになります。10年の計画を追えば、その成長は測り知れません。

皆さまの頭の中では、このようにして出来上がってきた数字が、Bの数字以上（または皆さまの許容範囲）であれば、来期に相当なマーケットの変化がない限り、会社が傾くことはないだろう、と思っていただくこともできます。

ここで何の根拠もない数字を押し付けていては、先行投資にも、人財育成にもなりませんので、目指す山を登る「意義、理由」だけは、「理念」に基づき、「ミッション」と「ビジョン」を定め、皆に伝わるような説明を考えておいてください。

どんな計画でも、資金繰り（キャッシュ）が命

幹部らとの計画作成において、資金繰りと貸借対照表までの話を持ち出してしまうと「目指す目標に辿り着くために」ということを考えることに集中できなくなってしまうので、この部分は皆さまと経理・財務部門で「計画」に基づいて慎重に作成、確認してください。

商売によっていろいろと気を付けなければならないことがあるのですが、

・売上増加＝仕入れ増加

・売掛金の回収サイトと買掛金の支払いサイト

この部分で、売れるのに売れないということもありますし、売ってしまって、キャッシュがなくなり、皆さまの個人資産を売却して「その場しのぎ」をする、最悪（P／L）黒字倒産などということも起こり得ます。

銀行返済についても、毎月返済、4半期に一度、半期に一度、年に一度、契約満了時に一括など、利息返済、元本返済などを忘れてしまい、銀行に駆け込んで行く経営者の姿を目にしたこともあります。

こんな時のためにも、金融機関と良好な関係を保つ必要がありますし、この計画を年度初めに各金融機関に説明しておけば、スムーズに融資していただけることになるはずです。

現場が一生懸命、目指す数字に向かって走る、という時には管理部門は、現場がお客様に集中して走ることができるように、計画が提示されたら、資金繰り表を作成し、足りなくなるような期間があるようなら、前もって銀行に走り、事前に融資の依頼をする、というような「頼れる管理部門」に育成しておくことも大切なことです。

万が一、「お金がないから売らないで」と言おうものなら、現場はヤル気を完全に失ってしまいます。

このような現場と管理部門（バックオフィス）との協力関係が、価値のある計画を創り、価値のある組織、会社を創り上げて行くのです。

第8章

実践：「理想の組織」を作る

1. 育てるための心得～まずは相手を知る

第5章では、「従業員を大切に育て、正しく評価し、そして、成長させ続ける」という3つの積み重ねが「理想の組織」を作る、そして、そのための「大切にする」「正しく評価する」「目標の立て方」についていて触れさせていただきました。

ここでは、この3つを積み重ねて行くために「どのような心得（心構え）」で従業員と接しなければならないか？をお話ししたいと思います。

多くの場合、「従業員が育たない」と皆さまが言われる理由は、これからお話しさせていただく「心得（心構え）」、前準備がないままに、皆さまの一方的な目線で、教えている「つもり」でやってみた、ということが原因となっていると思っています。

教える前に相手のレベルを知る

皆さまの話を従業員が理解していると思いますか？

どれくらい理解していると思いますか？

ここでは、話が上手か下手か？ということは横においていただき、１００％理解している従業員は、いないと思ってください。

それは、なぜでしょう？

学校教育（小学校生〜大学生）にたとえるとすると、

・皆さまは経営トップであるから、大学生
・幹部と呼ばれる従業員が、高校生
・幹部とまでは言わないが管理職という従業員が、中学生
・リーダーと呼ばれる人が、小学校高学年生
・一般の従業員が、小学校低学年生
・新入社員が、小学校1年生

さて、ここで6つのレベルに分けてみました。

このレベルは、皆さまの会社での知識と能力のレベルということができますので、「仕事で使う言葉を知っている数」「仕事の種類を知っている数」「仕事の流れを知っている数」「仕事の内容を知っている数」「仕事ができる数」という5つの基準でレベル分けをしていると考えてみてください。

算数、数学で言うと、

・小学校低学年生レベルは、足し算、引き算、九九
・小学校高学年生レベルは、掛け算、つるかめ算
・中学生レベルは、方程式

・高校生レベルは、微分積分

とした場合、大学生レベルである皆さまはすべてを知っています。リーダー（小学校高学年生）に、方程式で解きなさいと教えても全く理解できない、ということがお分かりになりますよね。

英語は中学校から学んだはずです。ですから、小学生レベル（従業員、リーダー）に英語で話しかけても、彼ら彼女らは英語を学んでいないので、何が何だか分かりません。時には、同じ日本語の単語でも、使う人によって違うことさえあります。

これと同じことが、日常的に従業員と話をしている時、会議の時など多くの場面で起きているのです。

私が、年度初めに経営計画発表会を行い、参加者全員に経営計画書をお渡しするというお話しをしましたが、そこで伝えることは、「前年度の振り返り」、「今年度の目標数値」、「その目標達成のための活動方針」のたった3つだけです。

この計画書の始まりは、それぞれ、2ページ、2ページ、4ページとなり合計8ページ、10ページにもなりません。

参加者がすべて大学生のレベルであれば、この8ページで事足ります。

しかしながら、その発表会には自社の小学生～高校生、パート・アルバイト・外交員、金融機関の皆さま他が参加されますので、少なくとも、小学生（新入社員）が読んでも分かるように、会社の内部を知らない外部の参加者が読んでも分かってもらえるに表現しよう、と見直すことで、2ページであった振り返りが4ページとなり、2ページであった今年度の目標が8ページとなり、なんと4ページであった活動方針が100ページとなり、結果100ページを超える経営計画書になるのです。

どのようにそのレベルに合わせて書くかというと、具体的には一人の従業員を頭に浮かべて、この従業員にはこういう言い方をすれば分かる、そして、この銀行の支店長であればこのように書けば分かる、というように「相手をイメージ」しながら、伝えたいことが伝わり、理解していただけるような表現、言い回しを考え、そして全体を書き上げた後に、何人かの役職、社歴の異なる従業員の読んでもらい、どの程度分かるかを確認して、最終の仕上げをするのです。

相手のレベルの知り方

先ほどのレベル分けでも、話をしていると、役職は中学生レベルでも、理解度は小学高学年レベルという従業員もいます。反対に役職レベルよりも理解度が高い場合もあります。

一対一で話しをしている場合には、こう訊いてください。

「これで、出来ますか？」と。

決して、「分かりましたか？」とは訊かないでください。

「分かりましたか？」と訊かれると「分からないと言ったら馬鹿だと思われる」「怒られるか

もしれない」などと考えてしまうので、ほとんどの場合、分かっていなくても、「はい」と答えてしまうからです。

「出来ますか?」と訊かれると、やらなければならないと思う、つまり、次の自分の行動を考え、そこで出来ないといけないので、簡単に「はい」とは言えなくなり質問などが出てきます。

それでも確認できない場合には、話したことを復唱させてみてください。ここでは、「大切な内容なのだけれど、私があまり説明が上手でないので、もしかすると伝わっていないかもしれないので、復唱してくれる」という感じで良いでしょう。そして、さらに確認の精度をあげるために、打ち合わせ議事録(メモ)を書いてもらうことです。これで相手のレベルを知ることができます。

一対一でない場合、会議などで知る場合は、会議が終わった後に、「振り返り」というA4用紙1枚に、その会議で学んだこと、気付いたこと、分からなかったこと、これから自分の仕事に取り入れたいことを書いてもらいます。これで参加者全員のだいたいの理解度が分かるはずです。

そして、教育をしたい従業員が決まっていれば、会議の冒頭に「議事録係」を命じ、議事録を書かせてみてください。何が分かっていて何が分かっていないかが、よく分かるはずです。

また、会議の議事録を取る、残すということはとても大切なことですので、レベルを知るという目的でなくとも、担当者を指名し、必ず作成させ、参加者全員に配布するようにしてください。配布をする議事録はレベル確認のために書かせた内容では不十分なので、正しく記録できそうな従業員を別に指名しておくほうが良いでしょう。

少し道が外れますが、せっかくなので、この議事録の価値ある活用方法についてお話ししておきましょう。

議事録の価値ある活用方法

・議事録は「打ち合わせや会議日の翌日まで」に議事録作成担当者が作成し、参加者全員に配布します。

・参加者には配布の日から2日以内に確認し、間違っていたら議事録担当者にその旨を伝えるようにします。

・それを議事録作成担当者が反映させ、その翌日までに配布して完成となります。

【例】

月曜日開催→火曜日配布→木曜日確認・訂正連絡→金曜日確定配布

この議事録には、「決定したこと」、「担当者」、「いつまでにやるか（期日）」を必ず書くようにします。

そして、次の会議には、その会議の議題の下に、前回の会議で決まった内容を貼り付けておきます。

すると、次回の会議では、新しい議案の議論と同時に、前回の会議で決まった内容の進捗状況が追えることになります。これで「会議で決まったけれど進んでない仕事」がなくなります。無責任な組織になればなるほど、議案よりも、前回以前に決まったことの項目が多くなります。

何度も議案に出て、何度決めても動かない仕事が、ありませんか？

「分からない」と言ったことを「褒め」て「感謝」する

先ほど、「分かりましたか？」とは訊かないでください、とお話ししました。その理由は「分からないと言ったら馬鹿だと思われる」「怒られるかもしれない」などと考え、分かっていなくても、「はい」と答えてしまうからです、と。

もしも、従業員がこのようなことを考えなくて良いようにすれば、分からないなら、「分からない」と正直に伝えてくれるはずです。そのためにこれを実践してください。

まずは、話をする前、または確認をする前に、

「あなたには成長してもらいたいと思っております。これからいろいろとお話ししますが、私は話が上手くないので、分からないことがあったら、話を止めてもらっても良いので、どんどん質問してください。そうしないと、せっかくのあなたの時間が無駄になってしまいます

し、私の勉強にもなりませんから。協力してくださいね。よろしくお願いします」

と伝えてから、話に入ります。

そして、「分かりません」と言ったら相手を「褒め」て「感謝」の言葉を伝えるのです。そこで、

「分からないことを分からないというには勇気がいることです。聞いてくれて、ありがとう」

とか、

「分からないことが分かっている、ということはこれからの大きな成長が期待できます。ありがとう」

などと褒め言葉、感謝の言葉、期待の言葉を伝えることです。

そして、こういう場面で、

「言ってはいけない2つの言葉」と「言っていただきたい2つの言葉」を憶えておいてください。

「言ってはいけない2つの言葉」

・「どうして分からないのですか？」

などと、分からない理由を訊くことです。これを言ったら、その後、本当のことを言わなくなるでしょう。訊くとするならば、「どこの部分が分からないのですか？」です。相手の気持ちになって考えてみてください。

・「これで分かりましたか?」

などと「これだけ説明すれば、もう分かりましたよね」と相手に受け止められてしまうような言葉です。こう訊かれたら、十分な「心理的安全性の確保」が出来ていない限りは「いいえ、まだ分かりません」と言える従業員はほとんどいません。

「言っていただきたい2つの言葉」

1つ目の言葉は、先ほどの

・「これで、出来ますか?」です。

この言葉であれば、分かったけれど、実行するには不安があるという気持ちを引き出し、疑問を聞き出すことができます。そして、もう1つ大切な言葉は、

・「○○してくれて、ありがとう」です。

さあ、これで教える相手のこと(レベル)が分かったはずです。では、次に、どのように話せば、伝えれば、育てることができるかということに移って行きましょう。

ここでのポイントは2つになってきます。

1つは「自分ごと」にする、ということです。「他人(ヒト)ごと」では、いくら教えてもらっていても頭に入ってきませんが、「自分ごと」であれば、頭に入れるよう一生懸命学ぶはずです。そして、もう1つは「小さな成長でも褒める」ことです。これでヤル気を出させ、その行動を持続させるのです。

自分ごとにする

では、どのようにすれば「自分ごと」と考えるようになるか？　ということです。

いくつかの方法がありますが、ここでは2つに絞ってお話しします。

1つは、ここでも「これで、出来ますか？」という言葉を話、説明の後に付け加えることです。そして、もしも、皆さまが「本当に分かっているのかな？　出来るのかな？」と疑うようでしたら、「では、〇〇（期日）にやっていただきます」と伝えてください。

そして、もう1つですが、これを実践するには少々の事前準備が必要となります。使う言葉は、「〇〇（仕事の内容）は当社の仕事の中で最も重要な仕事であるので、あなたにお願いしたい、または一緒に進めたい」

「〇〇（仕事の内容）をすることで、この部門だけでなく他部門の仕事を助けることができる、〇〇（同僚など）も喜んでくれるでしょう」

というような言葉です。

ここで、前者は「重要な仕事を任される」ということに高い価値観を置く従業員、私も含め、昭和世代の人たちでしょう。受験戦争、出世争いの中で戦ってきたような人たちです。

そして、後者は「他の人に貢献したい、褒められたい」ということに高い価値観を置く従業員、特に若い従業員に見られる価値観です。

とは言え、人それぞれ価値観、大切なものが違うわけですから、このような言葉を付け加える前には、相手にどう言えば喜ぶのか？　どう言えばヤル気になるのかを事前に確認しておいてください。そうでないと、逆効果になることもありますので。これが事前準備です。

大企業の管理職が従業員の管理、コミュニケーションで頭を悩ませているということをよく耳にします。これは管理職と従業員（上司と部下）の「価値観」の差が原因となっていることがあります。ですから、この「価値観」を知り、相互に尊重し合える組織を創ることは現代においてとても大切なことでありますし、こういう組織が従業員を成長させ、結果的に価値の高い会社になっているのです。

小さな成長（行動）を褒める

皆さまの指示を「自分ごと」とした従業員にこれをすれば、続ければ、その従業員は大きく育つことになります。さらに、この褒めるということが行動を継続させるということにつながるのです。

私もそうですが、皆さまも、人から褒められることはそんなに多くはなかったはずです。褒められると照れるぐらいですから。

しかしながら、昭和の次に生まれ育った人たちは褒められることに慣れています。極端な言い方をすれば「なぜ、褒めてくれないのだろう？」とも思っているかもしれません。

皆さまから見れば、何でこんなことで褒めなければならないのだろう、と思われるかもしれませんが、これは「皆さま」、「理想の引退」のためだと思って、褒めてあげてください。

とは言え、褒めることにも、褒められることにも慣れていない皆さまが、急に始めよう思っても、何を、どこをどのように褒めれば良いのか分からない、そして、褒めるのが苦手などとおっしゃる人もいると思いますので、次のようなことから始めることをお勧めします。

手始めに、1人の従業員を決めて、毎日1つで良いのでその従業員の「良いところ（行動）」を1週間（5日間）メモしてみてください（出来る限り、「行動」を見つけるようにしてください。もしも行動が見つからなければ、最初のうちは、考え方でも結構です）。

そして、次の週では前の週に見つけた「5つの褒めポイント」をネタとして相手を褒めてみましょう。そして、この週は毎日2つずつ「良いところ」を1週間メモしてみてください。これで「15の褒めポイント」が見つかったはずです。そして、次の週はもう一人違う従業員についても同じことをしてみてください。ここまで4週間で2人分の「15の褒めポイント」を見つけることができました。

さて、この2人との関係はどうなったでしょうか？

良くなりましたか？　悪くなりましたか？

そして、皆さまの「性格が良くなってきた」ような気がしませんか？　会社が明るくなって行くような気がしませんか？

ここまでが、褒めるためのトレーニングです。

このようなトレーニングをすれば、相手のことも分かりますし、皆さま自身の考え方も少しずつ変わってきます。褒められたことのない人が褒めるということは難しいことなのですが、それができるようになると、相手、そして周りの環境が変わって行き、自分自身も変わって行くことを感じていただけるでしょう。

この「小さな成長（行動）」を褒める例としては、

・打ち合わせ時間前に少し早く集合したら、「○分前集合ができるようになりましたね。ありがとう」

・声が大きくなったら「ハッキリと伝えることができるようになりましたね。ありがとう」

などですが、ポイントとしては、以前と比較、前回との「行動」を比較して少しでも良くなっていたら、そこを褒めることです。すると、相手が「ずっと見ていてくれた」というように受け止めてもらえます。決して大げさに褒める必要はありません。

そして、褒める時の心得は「直ぐに、何度でも」です。

ここまでお話ししても「褒めることが苦手」という人は、褒める代わりに、感謝の言葉を伝えてください。これくらいなら、できますよね。

「毎日気持ちの良い挨拶をしてくれて、ありがとう」

「いつも電話を一番始めに取ってくれて、ありがとう」

などなど、伝えてください。

この褒める行動が、最終的に「得たい結果に直接結びつく行動」、つまり「目標に設定した行動」となることが最も価値があることであり、そこがゴールであると考えてください。

このように感謝の気持ちを伝えるために、「感謝すること」を探していると、皆さまだけでなく、会社の全体の雰囲気も変わってきますし、心も明るくなってきます。ですから、私は「１日最低１００回、ありがとうございます」を言うことを目標として続けていたら、今では、どんなことに対しても、ありがとうございます、と口で言うだけでなく、心から感謝できるようになりました。

さあ、心構えが出来上がり、社内の雰囲気も良くなってきたところで、育成を進めながら、「成長させる評価」というポイントに移って行きましょう。

2. 人物評価ではなく、行動評価〜人物評価が組織を壊し始める

第5章では、「正しく評価する」というテーマで、「何を評価」すると「企業の価値が高まる」のか？　ということをお話しさせていただきました。

ここでは、それを正しく進めていただくために「評価をするに当たっての心得（心構え）」についてお話しをさせていただくことにします。

「評価」と言うと、最初に頭に浮かぶのは、

・賞与（ボーナス）を決めるための基準となる業績評価

・年に一度の昇給を決めるための評価（会社によっては、通期評価と言ったり、給与の仕組みによって能力評定、コンピテンシー評価などと言われます）

ここでは前者の「業績評価」（賞与の評価）についてお話しをすることにします。

賞与の決め方

この評価は、多くの場合、夏季および冬季賞与を支払う時に利用されます。そして、3月決算の場合、その賞与は基本的には10月〜翌年3月の半年の個人の業績評価により夏季賞与、4月〜9月の評価にて冬季賞与を決定するということが一般的でしょう。本来、賞与と言うもの

は皆さまの会社の給与規程に記載されているとおり、業績によって払われたり、払われなかったり、そして、その支払う金額も業績に連動するものです。最近では、年収を先に決めて、初めから月次給与と2回の賞与に割り振り、業績連動部分については、別途、決算時に「決算賞与」「業績賞与」などという名目で支払われることもあるようです。

ここまでの評価の話は、すべて「数字」「お金」に関連する話となっています。では、なぜ、皆さまは【人物評価】を、この「業績評価」に反映させてしまうのでしょうか？

4月～9月の会社の業績で、12月の賞与を支払うか、支払わないかを決め、支払う場合は、その半年の業績を見て、いくらなら払える、いくら払うべきだ、という流れで賞与（総額）を決めているはずです。にもかかわらず、評価をする時には、

・毎朝一番に会社に来て頑張っている
・毎日夜遅くまで頑張っている
・私の言うことを良く聞く、反論しない、反対しない

というような「業績（お金）に関係のない」ところをみて「業績評価」をしていませんか？

この評価をする前には、その対象期間の目標を立てたはずです。売上〇〇〇万円、受注〇〇〇万円、粗利〇〇〇万円、訪問数〇〇〇件などと。

もしも、朝一番に会社に来ること、夜遅くまで頑張ること、皆さまの言うことにイエスと答えること、これが「得たい結果に直接結びつく行動」である、または「対象期間の目標に入っ

ている」のであれば、これを評価しても構いません。とは言え、そんな目標設定をしていたら、会社の業績は良くなりませんし、組織はおかしくなってしまうでしょう。

第5章では、どのような「数字」を目標に掲げるべきかをお話しさせていただきました。目標は「得たい結果に直接結びつく行動（数、量）」にしてください、と。

人物評価が組織を壊し始める

部下が上司の言うことを聞かなくなる、会社組織が壊れて行く原因の一つに、不公平ということがあります。

一般的には個人の査定、賞与額、給与は自分しか知らないことになっていますが、個人の業績評価を従業員全員にオープンにする会社もあります。そのような会社は、透明度高く、公平に評価をしているという自信があるからであり、それを見た従業員がさらにヤル気になる仕組みを創っているからです。

とは言え、オープンにせずとも、そのような情報は漏れるものです。時には、本人の口から。そして、業績評価の基準となる「目標」と「実績」は多くの従業員に共有されている場合があります。

これまでに、幾度となく【人物評価】が反映されて「目標の達成度」の順位と「業績評価」の順位が逆転するのを見てきました。時には、直属の上司の評価と逆転して。

「平等」というのは、皆同じ、つまり、「対象期間の目標」を達成しようがしまいが、同じ賞与を支払うということです。

「公平」というのは、「対象期間の目標」に対して良き成果を出したものには多く、出せなかったものには少なく賞与を支払う、ということです。

人事考課（評価）は、「透明度高く、公平に」が私の持論です。透明度が高いという意味は、誰が見ても納得できるという意味です。

しかしながら、この【人物評価】が反映されることによって、平等でも、公平でもない「業績評価」が決められ、その結果、正当な評価をされなかった従業員は「この会社はどんなに頑張って良い成果を出しても、評価されない」と考え、ヤル気を失い、評価をした直属の上司も、自分の評価と異なる結果なので、部下に正しく伝えることができず、本来は部下を成長させるための「評価のフィードバック」の場が、

「あなた（上司）が言ったからその通りやったのに、評価は下がってるじゃないですか！」

という部下からの信頼を失う場になってしまうのです。当然のことながら、直属上司から（人物評価を業績評価に反映させた）皆さまへの信頼も同時に失うことになるでしょう。

さらに、万が一、

「皆さまの言うことを良く聞く、反論しない、反対しない」

ということが「業績評価」に反映されることを従業員が察したとしたなら、従業員は自分で考

えることを止め、現状を変えることに手を付けず、皆さまの大好きな「イエスマン」の集団になるのです。そのような経営者ほど、
「自分で考えて、動いてほしいのですが、指示待ち人間ばかりで・・・」とおっしゃるのです。

行動の数、量を評価する

目標は「得たい結果に直接結びつく行動（数、量）」にしてください、と何度もお話ししました。

なぜならば、その結果が業績となり、会社の価値を高め、皆さまの「理想の引退」に近づくことなるからです。そして、同時に従業員を成長させることができるからです。これは、この本を手に取った皆さまが求めていることであると私は考えております。

先ほどのお話しで、【人物評価】を反映してはいけないこともお分かりになったと思います。そして、次は、「行動」と「結果」を評価しなければならない、ということです。そこを評価しないと【人物評価】と勘違いされることがあるということと、それでは従業員を成長させることができないということです。ともすると、

「毎日夜遅くまで頑張っている」

というのは、【人物評価】にもなるし、本来は「業績評価」では評価に値しない行動だけれど、誤って「良い評価」としてしまう行動なのかもしれません。

ただ、「頑張っている」とは、何を頑張っているのでしょうか？　その頑張っている行動が「得たい結果に直接結びつく行動（数、量）」であれば、その行動（数、量）を目標と設定し、「毎日夜遅くまで頑張っている」ということではなく、「目標達成のための行動（数、量）を実践し、結果を出している」というように評価してください。

そうであれば、誰も【人物評価】とは思いません。

また、少々冷たい話をしますが、同じ結果であれば、短い時間で終わらせた人のほうが評価は上ではないでしょうか？　夜遅くまで頑張っているということを、違った表現をすると、その人は仕事が遅いから、そうしているということです。そして、その遅さのために会社は時間外手当を支払っているのではないでしょうか？

また、あまり申し上げたくはありませんが、働き方改革、ライフ・ワークバランスと言われながらも、生活残業と言われるもので生計を補っている従業員もいるようです。

さらに、なぜ「行動」ということにこだわるかと言いますと、この「行動」を評価し、フィードバックをする時に、指導、アドバイスをすることで、その従業員を正しく教育し、成長させることができるからです。

目標設定のところでお話ししましたが、上級者は「売上〇〇〇〇万円」という目標設定で良いでしょう。上級者はその数字を上げる方法を知り、行動ができるのですから。しかしながら、中級者には「売上〇〇〇〇万円」と設定しても、その売上を上げることができないから中級者なので、「売上」につながる「前の行動」を目標としなければならないのです。そうでなければ、中級者にとって、売上〇〇〇万円という数字は、

「目標ではなく、単に上司から押し付けられた数字」

としか受け止められないので、ヤル気も出ないし、成長など期待することはできないのです。ですから、その「前の行動」が目標通りにこなせるようになれば、その「行動」の品質の上げ方を教育することで、次の行動である「売上」を目標とすることができるようになるのです。

ここは、一つずつ、丁寧に進めてください。

また、誤りがちなポイントがありますので、ここで紹介しておきます。

それは「意識」「考え方」「姿勢」というものです。

以前、私が、少々違和感のある評価を目にした時に、それを評価した幹部に、その評価理由を訊くと、こんな言葉が返ってきました。

「最近、〇〇さんは意識（考え方）が変わり、一生懸命取り組む（姿勢）ようになりましたので、今回の評価はB（A、B、C、D、Eの5段階評価）です」

この評価は、透明度が高く、公平な評価なのでしょうか？

意識（考え方）が変わって、一生懸命取り組むようになった（取り組み姿勢が変わった）ということは良いことでしょう。そこを褒めることについては、異論ありません。ただ、それでどのような行動が起きたのでしょう？　どのような結果が生み出されたのでしょう？　意識、考

え方、姿勢と行動（結果）は同じように見えて、異なるものです。

意識が変わらなければ、行動は変わらない、とも言えますが、冷たい表現になってしまいますが、意識が高くなったとしても、行動しなければ、会社としては何も得られません。本人も成長しません。意識が変わらなくとも、行動を変えることもできます。

この幹部のような考え方で、その○○さんをB評価としたら、以前より、○○さんより意識高く、一生懸命取り組んでいる他の従業員をどのように評価をすれば良いのでしょうか？「得たい結果に直接結びつく行動」を行い、その目標（数・量）を達成している従業員は、どう思うのでしょうか？

そして、○○さんには「一生懸命取り組んでいたからB評価です」というようなフィードバックは口が滑っても言えませんし、そんなことをしていたら、誰も「得たい結果に直接結びつく行動（数・量）」を目指す従業員がいなくなり、会社の価値は落ちて行くだけです。

評価をするということの目的は、
・賞与などの会社から従業員へ支払われる「お金」を公平に払うこと
・評価対象期間の行動・成果を確認し、次の評価対象期間、その後の成長につながる行動を見極め、その品質を上げる教育を行い、行動できるようにし、成長させること
と考えています。

この目的を果たすことができる評価を行うことが、「企業価値を高める」ことになるのです。

3. 教えたことしか評価してはいけない
～自分でコントロールできるか？

ここまでで、どのような心得（心構え）で、どのように目標を設定して、どのように評価すれば良いか、ということをお話しさせていただきました。そして、その評価と言うものの目的、そして誤った評価をすると組織が壊れてしまうというところまでは理解していただいたと考えております。

これからは、どこ（どの行動）を評価することが従業員を成長させ、企業価値を高めることにつながるのかということをお話しさせていただきます。

教えていないからできない

上司が部下と話をしているのを耳にする時に、こんなことを感じることがあります。

「〇〇くんは、上司の言っていることが分かっているのかな？」と。

本章第1節で、相手が小学生から大学生までのどのレベルかを知って話をする、教えるという話をさせていただきました。それもあるのですが、私が分かっているのかな？と思う理由は、レベルの問題ではなくて、上司が話していることを理解するための「前段階」、つまり「話の前提」となっていることを〇〇くんは教えてもらったことがあるのか？ 知っているのか？　というところなのです。

これはレベルの話にも、ある意味ではつながってはくるのですが、伝えているほうはその「話の前提」を相手が知っていると、勝手に「思い込んで」話を進めているため、相手が理解できていない、若しくは、いま聞いている内容は理解できても「流れ」が「歯抜け」になっているので行動に移せない、ということが起きるのです。私も出来る限り、相手のレベルに気を付けながら話すようにしていたのですが、話に熱が入ったり、長くなってしまうと、ついつい自分のレベルに戻ってしまい、相手が知るわけもない、つまり、教えていないことを「知っているという前提」で話をしてしまうことがありました。

そして、自分では部下との合意形成ができた「つもり」だったのですが、結果は全くの未達、ということになったのです。なぜなら、そこで設定した目標（日常で言えば、指示の内容）に相手が知らないことが含まれているので、できるはずがないのです。

そして、これが原因で部下は貴重な時間を浪費してしまうのです。正しい目標を掲げ「それに向かって行動した時間」と、始めからできるはずもない目標が掲げられ「何をして良いか分からず過ごした時間」では、その成長に大きな差が出てきてしまうということです。

前章では、「時間」は「最も高い経費」であり、その「時間」は決して戻ってこないと考える、とお話しさせていただきました。これは会社側から見た話であって、従業員の人生においても「時間」は「最も貴重なもの」であるということを上に立つ者として忘れないでください。

評価に関係ないことを評価するから壊れて行く

例えば、技術部門の従業員に前述のとおり、丁寧に確認して目標設定をしたとします。その後、営業担当者がお客様との打ち合わせで技術的な内容があり、その従業員を連れてお客様のところへ行ったとします。お客様からいろいろと商品の仕様について質問を受け、それに対し、その技術部門の担当者が答えていると、突然、お客様から、

「○○さん（営業担当者）から聞いている話とは全く違うのではないか！　信用できない！」と怒られ、その商談が破談になったとします。

技術部門の従業員は「人と話すのが嫌い、苦手」「人見知りをする」「人との接触が苦手」、何よりも「営業ができない、嫌い」という理由でその職（役割）を選んでいる人もいるのです。ですから、彼の目標もその適性と所属する部門目標に沿って設定されているはずです。

しかしながら、評価対象期間が終わり評価を決める面談の時に、好意で営業同行した「商談が破談になった」ので「あなたの評価は×だ」と言われても、その技術部門の担当者は「お客様に聞かれたことに正直に答えただけで、なぜこんな評価を受けなければならないのだ！」と気分を害し、営業同行には決して行かなくなり、同行した営業担当者に悪い感情を持ち、「部門間の壁」を作ってしまうのです。このようにお話ししながらも、皆さまのお気持ち、言いたいことも十分承知した上です。

ここで大切なことは、教えたことだけを「目標」として設定し、その「設定された項目」に

対する「成果またはその行動（数、量）」だけを評価するということです。つまり、ここでの営業同行での結果は評価しない、評価に含めないということです。ですから、目標設定には時間をかけ、丁寧に進めなければならないのです。

もしも、技術部門の従業員を同行させるのであれば、その目的と相手方の情報を事前に伝え、どのように接するかを教えなければなりません、というか、そうでなければ同行させてはならないのです。ここで、そんなことを言わなくても「普通は・・・」などとは決して思ってはいけません。お分かりですね、人それぞれ「普通」は違うのですから。

また、万が一、皆さまが技術担当者の責任にしてしまったとすると、つまり、これを技術担当者の評価として取り込んでしまうと、同行を依頼した営業担当者は「事前準備をしなかったことが悪かった、自分の責任である」ということに気付かず、他責にしたままで終わってしまうので、何ら成長することなく、同じ過ちを繰り返すことになるのです。

皆さまのお気持ちは理解できますが、何一つ、良いことは起きません。

目標を設定する上において、教えていないことが出来るはずがないので、そんなことを目標に設定した段階で本人の未達が決定します。もしも、どうしてもそれを目標に設定したいということであれば、「目標」を2つに分け、「目標に設定した仕事の習得」と「行動（数、量）」という2本立てで設定すべきです。但し、前者の目標は期日を設定し、その期日内に習得できるよう皆さまが教えてください。でなければ、教えてもらわなかったから、行動（数、量）目標が達成できなかった、という「言い訳」の余地（逃げ道）を作ってしまうことになるからです。

自分でコントロールできないことを目標にしてはいけない

これはありがちなことであり、本人がもっともヤル気になれない、そして「言い訳ができる目標」若しくは、「初めから目標と意識しない目標」です。

いつも目標設定の話をすると、管理部門（総務・経理・人事など）の目標設定についての質問がありますので、これを例として説明しましょう。

私はこんな目標を、彼ら、彼女らに立てさせることがあります。

「今期の粗利率30％、営業利益率10％」

こんな目標を管理部門に設定して良いのか？ と訊かれるかもしれませんが、「良いのです」。

ここでのポイントは、「率」としていることです。

これを「売上」とか「粗利（額）」「営業利益（額）」としてはいけません。なぜなら、管理部門は営業ではないので、その額、つまり数・量を直接、彼ら彼女らの行動で増やすことはできないからです。しかしながら、「率」と設定すれば、数、量の多寡ではなく、そこに紐づく経費をどのようにコントロールするか、つまり「こぼれない器創り」を自らの手で推進することで、原価部分においても、販売管理費部分においてもその目標に向かうことができます。

ここで、営業と製造に分ければ、

・営業には、売上いくら（数・量）↓絶対値（実額）
・製造においては、原価比率など↓相対値（割合、比較値）

という目標を設定する、ということです。できるだけシンプルに。

製造においても実額目標を設定したいという気持ちは分かります。さらに製造においても、売上に責任を持たせ、営業が売りやすい、お客様の要望にあった商品の開発、製造を目標とさせたいということも。皆さまの想いは十分わかっているのですが、そのような目標を持たせるのは、管理職以上で、その役職によって、その２つの目標

・自分で直接コントロールできる「率」目標
・自分では直接コントロールできないが、影響を与えることができそうな「額」や「会社全体」の目標

の比重（ウェイト）を変えて行くべきでしょう。

役職が上になればなるほど、後者のウェイトが高くなるというように。

また、数、量が増えれば、原価比率が下がってくるということもありますが、ポイントは**「自分でコントロールできる、言い訳のできない目標」**を設定することです。

言い訳という言葉は、他責という言葉にも言い換えることができます。その他責によって自身の給与、賞与が変動する、つまり、決められるとなれば、良いときは少しの感謝、悪いときは大きな怒りとなって「部門間の壁」を作ってしまう、高くしてしまうことにもなります。

全社一丸とするために

「全社一丸」という言葉がお好きな経営者の皆さまがいますが、この「全社一丸」とするための目標は、

「全社の売上目標、利益目標」

のみを掲げることではなく、「全社の売上目標、利益目標」を従業員の各々の役割に当て嵌め、

「従業員全員が、それぞれ自分でコントロールできる目標」

にブレイクダウンして設定し、それを達成することにより、

「全社の売上目標、利益目標」

が達成できる形にしなければならないのです。このようにすれば、従業員全員にとって各々「自分ごと」となり、その評価を受け止められることになります。

これが**「理想の組織」を創るための目標の設定の方法**です。

- 会社（上）の目標を決めて、次々と下部組織へ細分化して落として行く、そして、
- その細分化した目標達成の積み重ねが、会社（上）の達成を実現する
- **細分化した目標とは、従業員一人一人が「自分でコントロールできる目標」となっている**

4. 仕事は人を成長させる～上司からの信頼が最大のご褒美

これまでに「理想の引退」の日を迎えていただくためにいろいろな角度からお話しをさせていただきました。その中で大切なことは、もう既にお気付きになっているかとは思いますが、兎にも角にも、

「人を育てる」

ということです。

・ご子息、ご子女、親族に引き継ぐには、「承継者」の育成
・従業員に引き継ぐにも、「承継者」の育成
・売却をするにも、新しいオーナーの下で皆さまの従業員が活躍できるための「従業員の育成」
・高く売るための企業価値を高めるためにも「従業員の育成」

「安心して」というキーワードの中には、責任がなくなったという安心もありますが、引退後に皆さまの会社が従前通り、またはそれ以上に繁盛しているということも、皆さまを安心させる大きな要因にもなると思っています。そうなることで、何の気掛かりもなくなり、本当の

「安心」を手に入れることができるのであると。

本書を締めくくる前に、私がこれまでの人生の中で最も成長することができた、そして、皆さまにもそうしていただき、従業員を育て、さらに「価値の高い会社」にして「理想の引退」の日を迎えていただきたく、1つのエピソードをお話しさせてください。

お前に任せた

30代前半で、海外での100億円を超える規模のホテルを開発するという大きなプロジェクトの責任者に任命されました。私のそれまでの経験は、人事、営業企画、経営企画であり、英語もほとんど話すことはできませんでした。つまり、会社はホテルのことも知らず、英語も話せない若造を海外のホテルプロジェクト総合開発責任者として任命したのです。すべてが未知の領域であり、かつ、100億円以上の資金を投入するプロジェクトの責任者という重責に戸惑いを感じたのは言うまでもありません。そして、出国前に、たった一つだけ会社からの指示がありました。

それは、

「仲介業者というものだけは使うな！ すべて自分でやれ！」

でした。

この会社では、国内事業を進める時にも同じなのですが、これは、

・従業員が直接、困難・課題に直面し、その従業員が自ら考え、悩み、行動することで人は育ち、知恵とノウハウが蓄積される
・中間業者が入らない（中間マージンがない）ので、安く買える、できる
という2つの考え方からなのです。

一例を挙げますと、

「ホテルのすべての備品を、自分が現地（世界中のどこでも）に出向き、自分の目で見て、品定めをし、直接買い付ける」

ということです。

一般的には、このような備品の買い付けは日本で言えばデパートのような大きな購買部隊をもった組織や商社、若しくはそれを専門にしているホテル備品購入の専門会社に依頼します。

そこで、出国前に、私はたった一つだけ質問をしました。

「例えば、私が世界中を歩き、1本100円のフォークを買ったのだけれど、他で探したら同じようなものが90円で買えた、ということがあるかもしれません・・・」

その後の言葉は遮られ、

「お前がそれで良いと思ったら、それで良い。お前に任せたのだから」

という言葉でした。

「これだけ信頼されているのであれば、やり切ろう」と心に誓いました。そして、それがこ

の信頼に対するお返しになる、と思ったのです。

その時には、まだその仕事、その信頼がご褒美であると感じることはできませんでした。

そして、別の取締役からは、

「ごちゃごちゃ言わずに、お前にしかできないホテルを創って来い」

との一言をいただきました。

それからは現地では毎日いくつもの遭遇したことのない問題ばかりが発生し、打ち合わせと言えばすべて英語、ホテルオペレーターの開発チームの全員が当然のことながら外国人、世界中から集めた10名以上デザイナーもすべて外国人、考え方も文化もすべて異なる人たちとの仕事が始まりました。グランドオープンの日を迎えるまでには、幾度となく窮地に立たされました。現地での人材採用にも大変な思いをしました。必死で育てました。そして、事故も起きました。

その時にいつも心の中で囁いたのは「お前に任せた」という言葉であり、その言葉が、自分で乗り切らなければならない、という責任感と勇気につながったのだと考えています。

そして何とかホテルオペレーターたちとの約束の日にホテルをオープンさせることができました。

3つのなぜ?

その後、日本に戻り、日本流のスタイルで日本人と一緒に仕事をする中で、いつも不思議に思ったことがありました。

「なぜ、自分で考えて仕事をしないのだろう?」

「なぜ、自分の意見を言わないのであろう?」

「なぜ、こんなに辛そうに仕事をしているのであろう?」

という3つのなぜ? でした。

その理由は、実は、「何も任されていない」ということでした。

自分で考えて仕事をしろ! と言われても、任されているわけではないのです。

意見を言っても、時には怒られたり、「何でそんなことを言うのか?」という目で見られたりするのです。

そんな環境の中では、指示待ち人間とか、自分で考えられなくなるのは当然であると思っていました。

「理想の組織」を育むために～上司からの信頼は最大のご褒美

そこで気付いたのです。

身の丈より高いレベルの仕事をさせることが人を成長させ、それができるようになったら、さらに高いレベルの仕事をさせることが「人を成長」させ続ける正しい方法であり、その結果、「信頼を得て、さらに大きな仕事を任せられる」ということが「最大のご褒美」であるということを。

やはり、人は信じてもらえると嬉しいのです。

皆さまは経営者ですから、「お前に任せた」と言われることはないと思いますが、そう言われると従業員はとても嬉しいのです。とは言え、簡単に言い辛いということも分かっています。

ですから、任せられるように育て、できるようになったら、任せてみてください。できる範囲の中で責任も持たせてください。初めは、小さな小さな範囲で結構です。

ただ、任せるということは放置することではありません。気付かれないように、いつも横目で見ていて、もしも間違った方向に行きそうであれば、さりげなく正しい方向に向けてあげてください。

私がいつも言う言葉が、参考になれば、

「やってみれば良い。あなたが失敗しても会社は潰れない。責任はすべて私が取る」

この言葉を言う時は、いつもドキドキしていますが、私のドキドキよりも、信じてもらえて喜び、生き生きと働き成長する従業員の笑顔を見るほうがずっとずっと大切であると思っていますし、それを見ることが好きなので、いつもそうしています。

「お前に任せた」の範囲が少しずつ少しずつ大きくなり、それが皆さまの会社の大きさになった時が「真の承継者」の誕生です。

任せられるように従業員を育て上げ、信じることで成長させ、仕事でも成長させ、そして、組織を成長させ、「理想の組織」を創り上げてください。

そして、その過程の中で、必ず「会社の価値」は高くなって行きます。

承継者に引き継ぐにしろ、承継社に引き継ぐにしろ、この過程（みち）を歩いていただき、「理想の引退」の日を迎え、安心した心豊かな時間をお過ごしください。

5. 選ばれし経営者の皆さまへ～後悔しないために

ここまでお読みいただき、ありがとうございました。

そして、これまで長い間、目まぐるしい環境変化の中で、常に重い責任を背負い、会社、そして、多くの従業員の生活を守り続けていただいたことに感謝申し上げます。

本当に、ありがとうございました。

この節で本書も、最終、エピローグとなります。

後悔しないために

これまで長い間、経営トップ、社長という役割をしてきた皆さまに、これまで以上の仕事をしてください、と本書の中でお願いし続けてきました。時には、

「これから、こんな手間のかかること、面倒なことまでもしなければならないのか？」

と思われることもあったかもしれません。

しかし、これから進めていただくことは、これまでに皆さまが会社経営に注いだ時間と比べれば遥かに短い時間であり、この時間がこれからの皆さまの時間に安心と豊かさをもたらして

くれると信じております。いろいろな事情で、短い時間のうちに引退をせざるを得ない皆さまもいるとは思います。

もしも、これから数年の時間の猶予があるとするならば、これまでにお話しさせていただいたことを実践し、「理想の引退」の形を創り上げたうえで、引退の日を迎えていただきたいと思っております。

現在では、人生100年時代とも言われています。ということは、引退後もある程度の時間が残されています。そして、その時間の中で、

「あの時、ああしておけば良かった」

という後悔だけはしていただきたくないのです。

後悔というものは、いま分かることではなく、後になって、その時になって初めて分かることであり、取り返しのつかないことを表すものです。

私が、皆さまにお伝えできることは、ここまでお読みになったことを、「やる」のと「やらない」のでは、「やらない」ことをお選びになる「後悔のほうが、ずっと大きくなる」ということです。

すべてでなくとも構いません。

一つでも良いので、実践をしてください。

選ばれし経営者の皆さまへ

最終節のタイトルとさせていただいた『選ばれし経営者の皆さまへ』。

私は、心の底から皆さまのことを、そのように思っています。

そして、その皆さまがこれまで大切に育て、守り続けてきたモノづくり、コトづくり、サービスづくり、ノウハウ、そして従業員を未来に引き継いでいただきたいと願っております。

それは、親族でも、従業員でも、他の会社でも構いません。そのように引き継ぐための心得（心構え）と方法については、多くのページを使って綴らせていただきました。

皆さま自身では分かっていなくても、周りから見れば消してはならない多くの技術やノウハウや想いがあるはずです。ですから、これまで皆さまの会社が存続し続けてきたのですから。

最後に、著者からのお願いをお伝えし、本書を締めくくることとさせてください。

選ばれし経営者の皆さまへ

どうか皆さまのすべてを引き継ぎ、これからの時代のために、
「新たなる選ばれし経営者」を創るために、
最後の大仕事をやり遂げてください。

理想の引退、おめでとうございます。

おわりに

最後までお読みいただき、ありがとうございました。

ともすると、著者の皆さまへの想いが強すぎるゆえ、時にはご気分を害するような表現があったかもしれません。この場をお借りしてお詫び申し上げます。

ずっと、「理想の引退」という言葉を使ってきました。どうか皆さまが本当に望む形での最後の日を迎えいただきたいと願いながら。

「引退」と聞くと、「誰かに引き継ぐ」「後任がいる」というように、普通は想像します。ここで、普通という言葉は人によって違うので、使ってはいけないのかもしれませんが。

ただ、現在の日本の状況において、何も手を打たなければ、「引退」という言葉が「すべてを捨てて終わらせること」という意味に変わってしまうのではないか？ と心配をしております。

その捨てられたものの中には、

・守り続けてきた「モノづくり、コトづくり、サービスづくり、ノウハウ」を提供できる会社

・大切に育ててきた従業員

が含まれることになります。

2020年、この本を綴っている時間は、日本だけでなく、世界中が感染症に阻まれ、人の命も、経済も大きな危険に晒されています。

万が一、127万社、650万人の雇用が失われても、大きな資本を持つ大企業と呼ばれる会社が、この2つを吸収することになれば、少しでも皆さまの想いが未来に引き継がれ、従業員の雇用も守られるかもしれない、と少し前までは思っていました。

ただ、現状においては、残念ながら、それが夢物語になってしまうような気がします。

そして、年を追うごとに経営者が高齢化して行き、更にその状況が悪化してしまうのではないか？とも考えております。

たとえ大企業が吸収することができなかったとしても、高齢化に比例するように、増えてきている外国の人たちが、日本人とは異なった視点、方法でこの国で会社を立ち上げるということが起きてくれれば、そこでも「引き継がれ、守られる」ことがあるのでは？とも思いたいのですが、私の経験上、彼らの会社で働くためには、日本人が不得意としている「英語」を使う必要があります。若いうちであれば、短い時間で習得することも可能でしょうが、私が日本に戻り10年以上の年月が経ちましたが、この時間において大きく変化したとは感じておりません。

ですから、これから捨てられてしまうかもしれない、技術、ノウハウ、そして人のことを考えると、どうにかして、皆さまの「理想の引退」の日までに、皆さまの従業員を育て上げていただきたい、廃業するのではなく、せめてどこかの企業にこの2つを、2つが無理であれば、

「人の部分」だけでも守るために、皆さまのすべてを引き継いでいただきたい、と願うのです。

さまざまな「理想の引退」の形があると思っております。ただ、そのすべての形の最後には、

引退の日には、

従業員、陰でずっと支え続けてきてくれた家族から

「笑顔と感謝で引退を祝ってもうこと」

という一言をつけ加えてください。

この瞬間が、人生の中で最も素敵な時間となるように。

そして、この本は、たくさんの方々からのご協力によって出版まで辿り着くことができました。このような本を綴れるようになるまで育てていただいた多田勝美氏、いつも温かく見守っていただいた中島敏行氏、兄代わりにいつも叱ってくれる三鍋伊佐雄氏、この日本を素晴らしい国のまま未来へ引き継いで行こうと後継者の育成とＳＤＧｓの融合プログラム開発を後押ししていただいた住宅産業塾（日菱企画株式会社）の長井克之塾長、心（言霊）までをも写真に写す素敵なフォトグラファー谷亮磨氏、いつも素敵なデザインを創造してくれ本書のカバーデザインを担当していただいたvcCache。そして、この本が生まれるために甚大なる支援をいた

だいた同友館出版部の佐藤文彦次長、書ききれないほど多くの方々からのご支援をいただき、ここまで辿り着くことができました。厚く厚く、御礼申し上げます。

家族に対する謝意もお許し願います。大手企業からの転職、独立を始め、企業再生・組織改革という安定継続しない大きなリスクを取る著者の生き方の全てを許してくれた妻、そして母、今は亡き父。皆さんの支えがあり、この本を出版することができました。ほんとうにありがとう。

末筆になりますが、本書が読者の皆さまの「理想の引退」の日を迎えるきっかけとなることができれば、著者として、この上ない喜びでございます。

理想の引退、おめでとうございます。

令和3年1月

〜一人でも多くの笑顔を蘇らせるために〜

古小路勝利総合研究所

所長　古小路　勝利（ふるこうじ　かつとし）

【著者紹介】

古小路 勝利（ふるこうじ かつとし）

古小路勝利総合研究所 所長
～一人でも多くの笑顔を蘇らせるために～
URL：https://rebush1.com/

プロ経営者／企業再生プロデューサー
相続診断士／2030SDGs公認ファシリテーター／SDGs de 地方創生公認ファシリテーター／日本行動分析学会会員／ファイナンシャルプランナー

昭和39（1964）年、愛知県名古屋市に5人兄弟の長男として生まれる。国立大学理学部を卒業後、大東建託株式会社において、20代という若さで異例の人事部管理職に抜擢。営業統括本部、経営企画室を経て、1998年（当時33歳）には海外での100億円を超える規模のホテルプロジェクトの総合開発責任者（取締役副社長）に任命され、マレーシア・クアラルンプールに赴任。現地法人の立ち上げ、ホテルを完成、オープンさせ、40歳を機に15年勤務した同社を退職し、日本に帰国。

株式会社テイクアンドギヴ・ニーズ、スリープログループ株式会社（現ギグワークス株式会社）を始めとする様々な業種、中小企業から東証1部上場企業の異なる規模の企業の社長、取締役、執行役員として独自の人財育成ノウハウと組織改革術を武器に業績改善、企業再生に携わり、「人事のプロ」「プロ経営者」「企業再生プロデューサー」と呼ばれるようになる。

現在では、後継者問題の解決とSDGsの達成のための全国での講演・セミナー講師活動、人財育成コンサルティング、SDGsビジネス創造コンサルティング（SDGs経済活動の実践支援）に熱い情熱を注いでいる。

SDGs超実践者委員会（SSPC：SDGs Super Practitioner's Committee）理事を歴任。

2021年1月30日　第1刷発行

**すべての経営者が知っておくべき
理想の引退を迎えるための心得**

発行者　脇 坂 康 弘

発行所　株式会社 同友館
〒113-0033 東京都文京区本郷3-38-1
TEL.03(3813)3966
FAX.03(3818)2774
https://www.doyukan.co.jp/

落丁・乱丁本はお取り替えいたします。
三美印刷／松村製本所
ISBN 978-4-496-05526-3
Printed in Japan